Leben!

Nicole Dill

Leben!

Wie ich ermordet wurde

Aufgezeichnet von Franziska K. Müller

WÖRTERSEH

Zum Schutz der Persönlichkeitsrechte von Personen, die in diesem Buch vorkommen, wurden einige Namen geändert.

Lektorat: Claudia Bislin, Zürich
Juristisches Lektorat: Dr. Georg Gremmelspacher, Rechtsanwalt, Basel
Korrektorat: Andrea Leuthold, Zürich
Umschlaggestaltung: Thomas Jarzina, Holzkirchen
Foto Umschlag: Marcel Studer, Zürich
Layout, Satz und herstellerische Betreuung:
Rolf Schöner, Buchherstellung, Aarau
Druck und Bindung: CPI books, Ulm

ISBN 978-3-03763-014-3

www.woerterseh.ch

Inhalt

Vorwort

Die Geschichte von Nicole Dill erinnert mich in vielerlei Hinsicht an den Tod unserer geliebten Tochter Pasquale. Die Fehler, die im Vorfeld des Verbrechens an Nicole Dill passierten, das Unvermögen und der Unwille der Verantwortlichen, die Versäumnisse später einzugestehen: Einiges verlief in unserem Fall ähnlich. Im Verlauf der Jahre lernte ich verschiedene Opfer von gewalttätigen Übergriffen und ihre Angehörigen kennen. Der persönliche Umgang mit einem solchen Drama und den ungeheuren Konsequenzen, die es bewirkt, ist individuell: Viele zerbrechen daran, und die meisten bleiben wortlos in der Dunkelheit gefangen. Zu groß wären die Wunden, die aufgerissen würden, ließen sie das Schreckliche Revue passieren. Aber die Gequälten sind unter uns. Sie leiden, kämpfen, versuchen, in die Normalität zurückzufinden, ein Leben zu führen, das diesen Namen verdient. Wie schaffen sie das? Wie geht es ihnen dabei? Wer hilft ihnen? Wer stellt sich ihnen in den Weg? Man wusste es bisher nicht.

Nicole Dill gibt ihnen eine Stimme. Sie – die im Jahr 2007 stundenlang gefoltert, vergewaltigt und niedergeschossen wurde – offenbart sich in diesem Buch als starke Persönlichkeit, die einen weiten Weg zurückgelegen musste, bevor sie die Kraft und den Mut fand, um über die traumatische Erfahrung ihrer Vernichtung zu sprechen. In einer akribisch aufgearbeiteten Geschichte erzählt sie von einem Drama, das bis zum heutigen Tag andauert. Ein solches Gewaltverbrechen ist psychisch nicht überstanden, nur weil man es physisch überlebt hat.

Das Buch von Nicole Dill ist auch darum wichtig, weil eine Betroffene jenes Unrecht hinausschreit, das ihr angetan wurde, von ihrem schwierigen Weg ins Leben zurück erzählt und im Verlaufe der Zeit wieder lachen kann, ja glücklich sein will. Es gibt eine weitverbreitete Vorstellung, wie sich Opfer – und dazu gehören auch die Angehörigen – zu verhalten haben: unsichtbar und trauernd. Man könnte befürchten, das Verlassen der Anonymität überfordere Nicole Dill, liefere sie dem Voyeurismus der Massen aus. Ich glaube aber, dass der wohldurchdachte Schritt an die Öffentlichkeit nicht nur wichtige Einblicke in die Geschehnisse bringt, sondern auch der Genesung dienen kann. Denn damit befreit sich der gedemütigte und ohnmächtig fühlende Mensch aus der Rolle der Wehrlosigkeit, die ihm auch die Justiz manchmal aufdrängen möchte. Nicole Dill schafft es, unbequeme Fragen zu stellen, und geht strafrechtlich gegen die ihr verantwortlich erscheinenden Instanzen vor.

Auch in diesem Punkt werde ich an unsere Geschichte erinnert. Im Kanton Zürich wurden nach dem Mord an unserer Tochter gesetzliche Änderungen vorgenommen und gewisse Bestimmungen im Umgang mit Hafterleichterungen verschärft. Sich zu äußern, sich zu wehren, bringt den geliebten Menschen nicht zurück, und im Fall von Nicole Dill die Gesundheit und auch die vergangenen Jahre nicht. Aber es hilft auf dem persönlichen Weg, der in die Zukunft führen soll.

Nicole Dill ist eine Kämpferin, das wird während der Lektüre dieser beeindruckenden Geschichte offensichtlich, und dies zeigt sie nicht nur, indem sie den Schritt nach außen wagt, Gerechtigkeit fordert und das Geschehene heute als Teil ihrer

Lebensgeschichte akzeptieren kann, sondern auch damit, dass sie den Glauben an die Liebe nicht verloren hat. Das ist eine große Leistung. Um weiterleben zu können – das ist meine Erkenntnis der vergangenen Jahre –, muss man Frieden finden. Die Vergangenheit soll dabei im Herzen ruhen und die Konzentration auf jenen Menschen liegen, denen man im Diesseits die Zuneigung schenken kann.

Jeannette Brumann,*
Zollikerberg, im Juli 2010

---

* Jeannette Brumanns Tochter Pasquale wurde im Jahr 1993 ermordet, mehr dazu finden Sie im Kapitel »Chronologie angekündeter Dramen«.

Meine Geschichte

Sommersouvenir

Als Vierjährige stand ich auf der Reling eines Dampfschiffes, mein Zwillingsbruder und ich trugen Matrosenkleidchen, die Mutter Caprihosen und eine gebügelte Bluse. Mein Vater legte ihr die Hand auf die Schulter, aber sie drehte sich weg. Wir verbrachten den Sommer wie jedes Jahr in einem dunklen Holzhaus am Ufer des Vierwaldstättersees. Paps' Wut wuchs auch in den friedlichen Momenten: Wenn wir im See badeten. Wenn wir ein altes Velo neu strichen. Wenn er uns das Pfeifen beibrachte. Wenn er Süßigkeiten und Kosenamen schenkte. Ich liebte ihn. Ich hasste ihn. Die Ohnmacht ist ein schlechtes Gefühl. Geschlagen hat er immer nur die Mutter. Oft mit der bloßen Hand. Einmal mit dem Telefonhörer auf den Kopf. Auf dem Dampfschiff wirbelte der Wind Jahre später die hellbraunen Locken der Mutter durcheinander, auf der Stirn war die verheilte Wunde sichtbar. Einmal wollte ich die Narbe berühren. Aber Mutter schob auch meine Hand weg, und im Verlauf der Jahre wurde sie gefühlskalt.

Wenn man mich heute nach meiner Kindheit fragt, antworte ich: »Es war keine schlechte Kindheit. Der Vater war Maler, die Mutter Hausfrau.« Der Alltag in der Blockwohnung, später im Reihenhaus inmitten einer Familiensiedlung, war besenrein und ordentlich. Die Ziergegenstände standen immer am gleichen Platz. Wenn ich an mein Zuhause denke, sehe ich bunt karierte Hosen, die mein Zwillingsbruder und ich tragen mussten. So gekleidet, fand uns jedermann niedlich. Aber der Wollstoff biss so stark, dass wir uns heimlich blutig kratzten. Am Sonntag besuchten wir die Kirche, an der Kommunion war ich eine Prinzessin, und die Kindergeburtstage wurden bei uns groß gefeiert. Es gab Kuchen, Luftballons, viele Geschenke, und Mutter organisierte Spiele für alle im Freien. Die Frau strickte, nähte, kochte, bügelte und hielt Haus wie Garten in tadellosem Zustand. Der Mann brachte das Geld nach Hause und benahm sich im Alkoholrausch, wie er wollte. Leid tat dem Vater nichts, entschuldigt hat er sich nie. An Wertvorstellungen, die uns die Eltern vermittelt hätten, kann ich mich nicht erinnern, wenn es sie gegeben hat, so lösten sie sich, wie das Gute auch, in der häuslichen Herrschaft auf. Manchmal habe ich mir gewünscht, dass eine freche Bemerkung oder die Besuche mit Mami in der Patisserie in Schaffhausen konkreter Anlass für eine Bestrafung gewesen wäre. Aber die Gewalt widerfuhr uns so grundlos und überraschend, dass man sich darüber keine Gedanken machen musste. Es war einfach so. Er tobte und schrie, die Mutter wurde angegriffen, und wenig später stand das warme Essen auf dem Tisch. Sie unternahm nichts, um sich selbst oder uns zu retten. Weinen sah ich sie in all den Jahren nie, und wie zum Trotz blieb sie eine strahlende, gern lachende Schönheit.

So war meine Kindheit keine gute Kindheit, auch keine schlechte Kindheit, sie war von Tobsucht und Unentschlossenheit überschattet. Ich wünschte mir ein vaterloses friedliches Leben, aber erst zu einem rätselhaften Zeitpunkt trennte sich die Mutter endlich. Das lang Ersehnte geriet zum Makel. Vor den Freundinnen, vor den Nachbarn, erstaunlicherweise auch vor mir selbst. In der Zwischenzeit war ich ein Teenager, entdeckte die Selbständigkeit, eigene Ambitionen und meinen freien Willen. Zum Vater wollten mein Zwillingsbruder und ich nicht mehr, man traf sich hin und wieder, dann riss der Kontakt jahrelang ab. Er fragte nie und trank weiterhin Bier. Die Mutter ging putzen, war ordentlich und wortkarg. Dass sie zwei Jahre vor meiner Geburt eine Tochter weggegeben hatte, es war die Schwester meines Halbbruders, der zu uns gehören durfte, erfuhr ich beiläufig. Ich fand keine Gründe dafür, weshalb man eine Tochter verstößt und den Sohn nicht. Eine so große Verzweiflung kann es gar nicht geben. Die Mutter sagte, sie habe das Kind vergessen. Ich ließ in meinem ganzen Leben noch nie etwas liegen: Kein Schlüsselbund ging mir je verloren, kein Schal, kein Regenschirm, jedoch – ohne mein Wissen – eine Halbschwester, und wie anderes Fundgut auch fand sie den Weg zu ihren ursprünglichen Besitzern zurück. Das geheimnisvolle Kind kam als erwachsenes Fräulein in unser Leben, sah sich kurz um und verschwand wohlweislich wieder.

Als Jugendliche färbte ich mein Haar hellblond, rauchte Zigaretten, mochte Hardrockmusik, entdeckte meine innere Welt und Marcel. Sein Auto war orangefarben und aufgemotzt. Aschenbrödel war mein Lieblingsmärchen, und aus Tüll und Gold waren meine Zukunftsträume. Als der Junge in mein Leben trat, verlor ich an Gewicht, konnte nicht mehr schlafen. »Das sind die Schmetterlinge im Bauch«, sagte meine damals beste Freundin. Ich wäre für ihn barfuß im Winter spazieren gegangen, hätte ihm meine Lederjacke geschenkt. Dann traf er ein Mädchen, das er mehr mochte als mich, und nun wusste ich, was die Liebe wirklich ist.

Damals absolvierte ich eine Lehre, der Betrieb lag wenige Meter von unserem Häuschen entfernt. Ich mochte die Mutter nicht verlassen, reparierte das Radio, kümmerte mich um die amtlichen Papiere, arrangierte die Vorräte neu. Ich half, wo sie es erlaubte. Nie sprach ich mit den Eltern über das, was gewesen ist. Vorgeworfen habe ich ihnen nie etwas. Vorbei ist vorbei. Das dunkle Ferienhaus ist in der Zwischenzeit abgebrannt, die Mutter selbst in Vergessenheit geraten, der Vater lebt im Wohnheim. Mitteilungsbedürftig und zugleich so still sei er, einer, der viel studiere, sagen sie. Viel eher denkt er an nichts und starrt Löcher in die Luft. Einmal sagte er: »Sicher habe ich auch Fehler gemacht.« Das war alles, und ich antwortete nichts.

Unauffällig entwickelten sich die übrigen Dill-Kinder. Jetzt leben sie in funktionierenden Beziehungen, arbeiten gut, erheben nicht die Hand. Aus keinem wurde ein Monster. So schlimm kann es nicht gewesen sein, denken die anderen, und genauso denke ich. Der schlechte Torf meiner Kindheit vermochte keine schlechten Eigenschaften hervorzubringen, das Gegenteil ist der Fall. Mut und Ehrlichkeit brachten mir die Eltern bei, weil sie selbst nicht mutig und nicht ehrlich waren. Beschönigen, vergessen, nicht wahrhaben wollen.

Dabei denke ich an unseren Hund, er hieß Mike. Die Mutter plante die Überraschung. Mit Zug und Bus fuhren wir an einen geheimen Ort, von weitem ertönte Gebell. Dann stand Mike vor uns, wir Kinder jubelten vor Freude. Mit eingezogenem Schwanz saß er unter der Eckbank im Wohnzimmer, und zusammen rannten wir in unsere Zimmer, wo wir auf Weisung der Mutter jeweils bleiben mussten, wenn der Vater außer sich geriet. Sehr krank war der Hund später, trank nicht mehr richtig, fraß nicht mehr alles, und stille Schmerzen litt er auch. Im Wissen darum, dass eine Entscheidung gefällt werden musste, sahen die anderen seinem Unglück untätig zu. Mir war Mike nicht gleichgültig. Um ihn von seinen Qualen zu erlösen, ließ ich ihn einschläfern. Mit der Hundeleine in der Hand und Tränen in den Augen kam ich nach Hause zurück. Ich war sechzehn, und von da an wusste ich, dass ich nicht wie die anderen war, sondern weniger feige und ohne Grausamkeit.

Man muss Verantwortung für sich selbst übernehmen. Probleme sind da, um sie zu lösen. Wenn man sich nicht selbst hilft, dann hilft einem niemand. Mein kindliches Bedürfnis nach Erklärungen deckte sich früh mit solchen Kalendersprüchen, die ich verinnerlichte und an die ich bis heute glaube. Wie ich nicht sein wollte, wusste ich bereits in jungen Jahren, und so schaffte ich ein anständiges, ein friedliches Leben, in dem es Kraft, Freude, Vertrauen und Leichtigkeit gab.

Mein Leben ohne Schlagen und Zerren, ohne Radau und Hass endetet in einer Septembernacht im Jahr 2007. Ich war achtunddreißig Jahre alt. Wo sich das Herz befindet, wusste mein Mörder nicht. Sonst würde die Frau nicht mehr leben, sagte Roland A., einundvierzig Jahre alt, aus Rickenbach stammend, wenige Stunden bevor er in einem Meer aus Blut ertrank: in der Gefängniszelle, wenige Quadratmeter groß, mit einem Bett, einem Stuhl und einer Glühbirne an der Decke. Er hätte sich erhängen können, zerschlug aber die Seifenschale aus Porzellan. Rot und weiß war der Abschiedsbrief, den ich viele Monate später las: »Es tut mir leid.« Das stundenlange Foltern. Das Vergewaltigen. Das Erschießen. Was danach kam, die eineinhalb Millionen Minuten bis zum heutigen Tag, und mehr als einmal bedauerte ich mein Überleben, daran dachte er nicht. Es tut mir leid. Worte, die mein Vater nie zu sagen wagte. Sie hatten keinerlei Bedeutung.

Zweimal Mike

Zwei Jahre nachdem der geliebte Hund gestorben war, lernte ich den zweiten Mike kennen. Ich war achtzehn. Er schien mir ein wenig arrogant. Wie der Mann reden konnte. In langen verschachtelten Sätzen, geschliffen und überlegt. Er kannte moderne Wörter wie »Defibrillator«, »Genealogie«, »suboptimal«. Ich war jung und wollte von der Liebe nur, dass sie kein Schreien und Schlagen wird. Mike war zielstrebig, tüchtig, weltoffen. Ein Mann für die Zukunft. Ein Mann mit Prinzipien. Wir zogen zusammen, ich musste auf dem Balkon rauchen, also gewöhnte ich mir das Rauchen ab. Die anderen heirateten, wir heirateten auch. Am Anfang verliebt, schweißten uns später die Vorteile der Zweisamkeit zusammen. Das doppelte Einkommen, wir konnten uns leisten, was wir wollten. Entfaltungsmöglichkeiten und Freiraum erhielt der zuverlässige Mann, die Frau war keine Klette.

Die Selbständigkeit, die finanzielle Unabhängigkeit blieben mir wichtig. Bei meiner früheren Arbeit trug ich eine gebügelte Ärmelschürze mit einem Namensschild. Das Abwägen von frischem Rettich und Peperoni, die ich in schneeweiße Papiertüten verpackte, und auch das Abzählen und Etikettieren der Konservendosen erledigte ich gerne. Am liebsten bettete ich die großen warmen Brote – sie waren so schwer wie zu früh geborene Kinder – in die dafür bestimmten Bettchen aus Holz. Meine monotone Tätigkeit mochte ich am Anfang sehr, weil ich dabei ungestört über das Weggehen nachdenken konnte. Seit ich als Fünfzehnjährige das erste Mal über die Landesgrenze getreten war und den Eiffelturm im Nebel gesehen hatte, reiste ich wann immer möglich weg, und musste ich zu

Hause sein, schlenderte ich in Gedanken über staubige Straßen, traf unbekannte Menschen, aß fremdartige Speisen.

Wie Mike war, was er dachte und fühlte, weiß ich nicht mehr so genau, obwohl die Ehe sechzehn Jahre dauerte, einige davon nur auf dem Papier. Immerhin. Er zerrte nicht, schlug nicht und hinderte mich nicht am Klügerwerden. Bald arbeitete ich als Sachbearbeiterin und stellvertretende Leiterin im Kundendienst. Mike galt in seiner Firma als vielversprechender Mitarbeiter, den man für einen Auslandsposten vorsah. Sein Vorgesetzter sagte, wir dürften nach Nigeria gehen. Nach einer erfolglosen Erkundungstour kamen wir zurück und wollten noch immer weg. Wir lebten dann über zwei Jahre in Xiamen, einer Küstenstadt im Südosten der Volksrepublik China.

Dies alles erzähle ich, damit man eine Ahnung davon bekommt, wer ich vor meiner Vernichtung war, und auch mein einstiges Leben ein wenig kennen lernt.

Dass es verschiedene Arten gibt, um glücklich oder unglücklich zu sein und jeder Weg seine Richtigkeit hat, mag banal klingen. Aber für mich war diese Erkenntnis so exotisch und aufregend wie die mit Blütenhonig und Essig marinierten Speisen, die ich zum ersten Mal kostete, und die chinesischen Schriftzeichen, von denen ich nur manche zu deuten lernte. Wenn man sich ohne Vorurteile auf das Fremdartige einlassen kann, prägt diese Erfahrung das weitere Leben positiv. Ich lernte, auf Umwegen zu einem Ziel zu gelangen und die Ruhe, die Geduld als Tugenden zu schätzen. Ein Land ist wie ein Mensch, der über Eigenschaften und ein Aussehen verfügt. Verschlossen und gutwillig zeigte sich der Gastgeber, und die widersprüchliche Schönheit der Stadt blendete mich bis zum Schluss.

Mike ging frühmorgens aus dem Haus und arbeitete oft bis in die Nacht. Als Ehefrau sorgte ich für emotionale Unterstützung und hielt ihm den Rücken frei. Seine Leistung war nun auch meine Leistung. Im Garten unserer Freunde veranstalteten wir manchmal Cocktailpartys: Süßer Wein schwamm auf Eis, Lampions wehten im Wind, Musik war zu hören. Von den Einheimischen lernte ich, wie man die landestypischen Gerichte zubereitet. Wir mochten die Szechuan-Shrimps am liebsten, dazu tranken wir Jasmintee. Ich kaufte Geschirr, das ich noch heute besitze. Kleine Reiskörner bilden die Dekoration, wie zufällig sind sie über das Porzellan gestreut, und hält man die Tassen und Teller gegen das Licht, ergibt sich als Muster ein durchscheinender Sternenhimmel.

Abende am Strand und in den verwinkelten Gassen der Altstadt bleiben in Erinnerung, in der spärlich beleuchteten Dunkelheit roch es nach frittierten Köstlichkeiten. Tagsüber ging ich auf Entdeckung einer verborgenen Welt, die wenig mit der verspiegelten Grandezza der Urbanität zu tun hatte: Auf den Märkten in Xiamen wurden die Lebensmittel nicht geschnitten und selten abgewogen. In Körben oder auf dem staubigen Fußboden lagen lebendige Kröten und Schlangen zum Verkauf. Neonfarbiges Zuckerzeugs und süßsaure Nüsse wurden mit den Händen in gebrauchtes Papier gefüllt. Das Einkaufen dauerte stundenlang.

Für die Straßen erfand ich Fantasienamen. Die Magnolienstraße und die Orchideengasse markierte ich in meinem Stadtplan, damit ich meine Lieblingsgeschäfte später wiederfand. Mike und ich wuchsen in diesen Jahren zu einem Team zusammen, das ähnliche Interessen, eine ähnliche Weltanschauung und die gleichen kulinarischen Präferenzen verband. Wir waren aufeinander angewiesen, und Streit gab es selten. Gemeinsam machten wir den chinesischen Führerschein und bestanden auch die theoretische Prüfung mit Bestnoten. Fortan erkundeten wir das subtropische Hinterland mit einem Minivan und lebten in beinahe geschwisterlicher Harmonie zusammen.

Für mich hätte es so weitergehen können. Von der Liebe wusste ich wenig, und klein waren meine Ansprüche. Dann verbrachten wir das chinesische Neujahr auf Urlaub in Bali. Allcs war fremd, aber im Swimmingpool schwamm ein Kollege aus meiner alten Heimat. Den Rest der Woche verbrachten wir mit ihm und seiner Frau. Wir hielten Kontakt, als sie nach Schaffhausen und wir nach Xiamen zurückkehrten.

Die für ein paar Monate später geplante Rückreise in die Schweiz sollte durch einen Trip in die USA unterbrochen werden. Die neuen Freunde kamen mit. Ich spürte, dass etwas vorging, und warnte Mike eindringlich. »Eine Affäre, ohne Bedeutung«, sagte er später. Für ihn vielleicht nicht, für mich umso mehr, und dann wurde ein Kind geboren, das nicht meines war. Aber vielleicht seines? Bis dahin hatte ich Mike als großen Mann gesehen. Seine verbale Gewandtheit bewundert, an der er unermüdlich schliff, den Ehrgeiz gemocht, das Selbstbewusstsein, und ich hatte unbekümmert zugelassen, dass er mir mit der Zeit weniger Achtung entgegenbrachte.

Welche Eigenschaften er an mir schätzte, weiß ich bis heute nicht. Er äußerte sich nie dazu. Den Respekt verlor ich zuerst, und danach wurde mir bewusst, wie ungleich diese Liebe war. Ohne Respekt und Bewunderung war Mike nicht viel.

Wir handelten nicht voreilig, ertrugen den Zerfall unserer Beziehung vier Jahre lang beinahe stoisch und in der Hoffnung, es möge ein Wunder geschehen. Vielleicht muss die Liebe mehr sein als kein Schreien und Behindern. Das Suchen und Erklären bringt nichts.

Am ehesten war es ein unglücklicher Zufall, der uns trennte, wie eine unterirdische Strömung Treibholz plötzlich auseinanderbringen kann. Man mag sich fragen, wie die Statisten einer kinderlosen und finanziell unabhängigen Beziehung in einen Krieg treten können. Das eine ergab das andere. Wie im

Bilderbuch: Der Mann schlägt den Esel, der dem Hund einen Fußtritt versetzt, der die Katze beißt, deren Schwanz durch eine nahe Feuerstelle in Brand gerät und das Haus des Mannes entzündet, der den Esel strafte.

Mike wollte seine Schlauheit, seine Überlegenheit erneut beweisen, aber diesmal leistete ich so viel Widerstand, wie es meine Kräfte zuließen. Als Bestrafung zog er meine Mutter auf seine Seite. Wie schon oft suchte ich das Gespräch mit ihr, wollte sie sehen, konnte nicht glauben, was geschah, und nach Monaten meldete ich mich erneut. Sie sagte nichts und dann, mein Anruf komme ungelegen. Ich wollte wissen, weshalb, und hoffte, dass sie sich einmal in ihrem ganzen Leben äußerte, den Mut fand, um sich und uns zu retten. Sie wolle jetzt eine Sendung im Fernsehen schauen, antwortete Mutter. So riss der Kontakt ab, wir sahen und hörten uns nie mehr. Nach sechs Jahren wurden Mike und ich endlich geschieden. Wir gingen als Feinde auseinander und sahen uns nie mehr. Man gab so viel, und übrig bleibt beinahe nichts.

Wer ich war

Das Schlechte wird nicht durch die Umstände provoziert, es ist als Anlage vorhanden oder eben nicht. Ich hatte Glück: Das Vorwärtsstreben und der Optimismus sind in mir drin, und anstelle der Bösartigkeit entwickelte ich Kraft und anstelle der Feigheit Mut. Fremde Leute schätzen mich manchmal anders ein, als ich bin. Sie sehen eng anliegende Jeans und ein rosafarbenes T-Shirt von Abercrombie & Fitch. Sie sehen High Heels und gepflegte Fingernägel. Sie sehen eine Frau mit blonden Haaren und graublauen Augen, aber ich bin weder naiv noch eitel. So wie ich über Talente verfüge, die man mir nicht unbedingt gibt, kann ich auch einen Rasenmäher reparieren, eine Deckenlampe anschließen, Autoreifen wechseln und Fische angeln, jedoch nicht töten.

Definiert sich der Mensch über die Dinge, die er mag, oder über seine Abneigungen? Ich liebe Belletristik, die von fernen Ländern handelt. Den Duft von Zimt und Zucker. Meine bevorzugte Farbe ist Blau. Was ich nie mochte, ließ sich lange Zeit an einer Hand abzählen: Chaos. Streit. Bösartigkeit. Bier. In der Zwischenzeit hat sich diese Liste der Dinge, die ich hasse, verlängert: zuschlagende Kofferraumdeckel. Der Geruch von Benzin und Abgasen. Männer, die das Parfüm »Roma« benutzen. Begrüßungsküsse durch Fremde. Alle Küchenmesser. Dunkelheit. Kleine Räume. Und: eisige Wintertage, die meine Lungen verkleben. Bikinis, die meine äußerlichen Narben nicht verbergen.

Menschen, die mich früher kannten, fanden mich furchtlos, gesellig, geduldig und heiter. Die stundenlange Todesangst hat alles verändert. Ich verlor das Vertrauen. In mich. In die anderen. In die Polizisten, die Therapeuten, die Ärzte. Meine Hilferufe nahmen sie nicht ernst, verweigerten die Auskunft, deckten den Patienten, deckten den Verbrecher, der sich in mein Herz eingeschlichen hatte. Als ich Verdacht schöpfte, dass mit diesem Menschen etwas nicht stimmte, war nicht in Erfahrung zu bringen, um wen es sich wirklich handelte.

Nach elf Stunden wurde ich geborgen. Noch im Krankenhaus erhielt ich eine Information, die mich zu einem früheren Zeitpunkt hätte retten können: Roland A. ist ein verurteilter Mörder. Uneinsichtig. Untherapierbar. Ein Rückfalltäter. Vor vierzehn Jahren stand seine kirchliche Trauung kurz bevor, und sein neugeborener Sohn lag in einer Wiege im selben

Wohnhaus, als er seine Nachbarin überwältigte, mit einer schwarzen Strumpfhose fesselte, vergewaltigte. Sein Opfer war zuerst ein Mittel zum Zweck und dann eine Gefahr, die beseitigt werden musste. Die Frau bettelte um ihr Leben, weinte, röchelte, als er ihr die Hände um den Hals legte.

Mehr noch als Erschlagen und Erstechen ist Erwürgen eine Tötungsart, die Macht und Dominanz demonstriert. Der Mörder blickt seinem Opfer ins Gesicht, während es stirbt. Dreißig Sekunden, vierzig Sekunden, fünfzig Sekunden. Eine Ewigkeit. Er sieht ungläubiges Staunen, dann das Entsetzen in den Augen. Nachdem der Todeskampf vorbei war, die Frau mit eingedrücktem Kehlkopf und verdrehtem Körper vor ihm lag, ging er in seine Wohnung zurück, als wäre nichts geschehen. Zu seinem Sohn, zu seiner Frau, die er in wenigen Tagen in einem weißen Brautkleid vor den Altar führen wollte. Später kehrte er an den Tatort zurück, überzeugte sich, dass sein Opfer nicht mehr lebte, schloss das Fenster im Bad, damit kein Leichengeruch die Nachbarn alarmiere. Fünf Tage später fanden sie die verwesende Leiche der jungen Nachbarin. »Dumme Frau« und »schmutzige Frau«, sagte ihr Mörder, bestritt alles, konnte schließlich mit dem ersten DNA-Test der Schweiz überführt werden.

Vermindert zurechnungsfähig, aber kein Psychopath. Zwölf Jahre Zuchthaus für ein Leben, das qualvoll endete und den Angehörigen ewiges Leid brachte. »Selbst schuld, die Frau.« »Schmutzig, die Frau.« Dies zu sagen, wagte Roland A., auch noch, als sie ihn nach achtjähriger Haftstrafe vorzeitig in die Freiheit entließen. Das war im Jahr 2001.

Ein Gewaltverbrecher, ohne Willen, gegen sich selbst anzukämpfen, und unzählige Chancen, die man ihm gab, um Einsicht zu gewinnen, ließ er verächtlich verstreichen. Sein größenwahnsinniges Bestreben, ohne Leistung ein geachtetes

Mitglied der Gesellschaft zu sein, stand weiterhin in Widerspruch zu seiner inneren Verwahrlosung, seiner Schwäche, seiner Arroganz. Er absorbierte die Leistungen der anderen, in ihrem Windschatten wollte auch er groß sein und sich aneignen, was ihm nicht zustand.

Das Schlechte in ihm zeigte sich früh. Als Teenager war Roland A. ein Schläger und Querulant, dann ein Brandstifter, dann ein Mörder. Er profitierte von der Großzügigkeit unserer Rechtsprechung. Zwölf Jahre für ein Menschenleben, und keine verbindliche Reue, keine Besserung musste er zeigen, um vorzeitig aus dem Zuchthaus zu gelangen. Bedrohte und nötigte in Freiheit wieder, wurde abermals begutachtet, die neuen forensischen Erkenntnisse aus dem Jahr 2007 waren vernichtend. Nichts geschah. Und nichts drang nach außen. Bald war er erneut unter nichtsahnenden Menschen, für die er eine Gefahr bedeutete. Ein dicht gewobenes Netz aus Mitwissern, darunter Therapeuten, Polizeibeamte und Freunde, sind für mich die stillen Helfer, die Mittäter eines angekündeten Dramas, das – wenn nicht mir – dann mit Sicherheit einer anderen Frau das Leben gekostet hätte.

Roli

Nach der Trennung von Mike – ich lebte damals bereits in Luzern – traf ich zum ersten Mal alle Entscheidungen selbst. Bezog eine topmoderne Stadtwohnung, die über jeglichen Komfort verfügte. Ein geregelter Alltag war mir während der Trennung und nach der Scheidung besonders wichtig. Am Montagabend war Waschtermin, am Donnerstagabend lagen die Blusen gebügelt bereit. Ich wusste von meiner Mutter, wie man mit Putzmitteln und Geld umgeht, und übermäßiger Luxus bedeutete mir nichts.

Mein Job war interessant und gut bezahlt, den weißen Sportflitzer konnte ich weiterhin finanzieren, obwohl ich mich mit einem großen Geldbetrag aus der Ehe hatte kaufen müssen. Mein Auto bedeutete Freiheit. Das Armaturenbrett war mit schwarzem Leder überzogen, die Instrumente leuchteten in der Dunkelheit, die Ausstattung roch teuer. Das Motorengeräusch war eine Verheißung, und mit offenem Dach brauste ich durch die Natur, wann immer das Wetter es zuließ.

Sport, das zentrale Thema meiner Kindheit – die Mutter und der Vater waren passionierte Radrennfahrer –, blieb wichtig. Training und Kondition sind mit Ehrgeiz und Disziplin verbunden. Beides bedeutete mir nicht nur äußere, sondern auch innere Gesundheit. Viele Freundinnen und neue Bekannte gab es in diesem beweglichen und geselligen Leben, Leichtigkeit, Unbeschwertheit. Es war eine schöne Zeit. Die Zufriedenheit kam zurück und schließlich auch die innere Ruhe, beides tröstete mich über die Enttäuschung mit Mike hinweg. In den Jahren nach der Scheidung gab es ausgewählte Männer in meinem Leben – und die dazu passenden Kalendersprüche. Nichts ist für ewig. Süße Worte nimmt der Wind mit. Das Alleinsein kann eine Erholung sein, bringt aber keine Erfüllung.

In dieser Stimmung befand ich mich an einem Novembertag im Jahr 2006. Eine Reise nach Vietnam lag hinter mir, ich hatte viel nachgedacht und war bereit, gewisse partnerschaftliche Ansprüche neu zu überdenken: Unterschiedlichkeiten werden zu einem Problem, wenn man sie beseitigen will. Man scheitert immer an den eigenen Erwartungen.

Es war ein Sonntag. Das Bedürfnis nach kalter Luft trieb

mich nach draußen. Wie so oft lief ich vierzig Minuten am See entlang, um in der Luzerner Altstadt mein Lieblingscafé aufzusuchen, Kaffee zu trinken, die Zeitung zu lesen. Nach einem halbstündigen Fußmarsch entschloss ich mich spontan für eine andere Lokalität, setzte mich unter freiem Himmel in tiefe Loungemöbel, klappte den Jackenkragen hoch. Noch heute spüre ich die wärmenden Sonnenstrahlen auf meinem Gesicht, höre die Möwen kreischen, sehe die dampfende Tasse auf dem Tisch stehen.

Es waren die letzten Momente in meinem alten Leben. Als ich bezahlen wollte, beschied mir die Kellnerin, dies sei bereits erledigt. Sie wies mit dem Kopf diskret nach hinten. Ich nahm die Sonnenbrille ab, wollte kurz an den Tisch treten, mich bedanken und meinen Weg fortsetzen. Der Mann war in meinem Alter. Gepflegt, höflich, sympathisch. Er trug eine auffällige Lederjacke, schöne Schuhe, dunkle Jeans. Er verwickelte mich in ein Gespräch und fragte, ob er mich kurz begleiten dürfe. Meine Antwort besiegelte mein Schicksal.

In der Zwischenzeit ließ ich diese erste Begegnung hundertmal Revue passieren: Hätte sich durch mein Zutun verhindern lassen, was mich später mein Leben gekostet hat? Das Warum. Das Wieso. Lange Zeit fand ich keine Antworten. Jedoch einen passenden Kalenderspruch: Die Lebensgeschichte wird bei der Geburt festgeschrieben. Das Schlagen und Zerren in der Kindheit. Roli. Die Nacht.

Der Tag neigte sich bereits dem Ende entgegen, als wir uns trennten. Er hieß Roland und war vierzig Jahre alt. Außerdem wusste ich nun, dass er zuletzt als Milchtechnologe bei einer großen Firma gearbeitete hatte und mit seinem Kind und dessen Mutter keinen Kontakt pflegte. Seine Offenheit, seine vielfältigen Interessen, der respektvolle Umgang gefielen mir. Optisch verkörperte er eine verwegene Mischung aus Energie und Kultiviertheit: ein schmales Gesicht, bernsteinfarbene Augen, eine prägnante Nase. Sein Lachen war schön. Man hätte ihn für einen Kunstschullehrer halten können, vielleicht für einen Musiker.

Wir überstürzten nichts. Viele Tage später wärmte er meine kalten Fingern in seinen Händen. Nach zwei Wochen lud er mich zum Essen ein. Nach vier Wochen strich er mir eine Haarsträhne aus dem Gesicht, und wir küssten uns. Seine kompromisslose Zuneigung fand ich beruhigend, sie war ohne Zögerlichkeiten und Angst.

In den folgenden Monaten war er ein ausgeglichener Mensch, kommunikativ, verlässlich und heiter. So eroberte er mein Herz, das ich nur geben kann, wenn ich einem Menschen vertraue. Ich war glücklich und realisierte in der Verliebtheit nicht, dass er meinen größten Schwachpunkt, die Sehnsucht nach Geborgenheit, zielstrebig gesucht und gefunden hatte. Bald waren wir unzertrennlich, sahen uns jeden Tag, verbrachten die gesamte Freizeit miteinander.

Seine finanziellen Mittel waren beschränkt, er fand nach einem Autounfall, bei dem er komplizierte Verletzungen erlitten hatte, keine neue Anstellung, wie er erzählte. Wenn ich bei der Arbeit war – so glaubte ich –, hielt er seinen Haushalt in Schuss, der genauso gepflegt war wie meiner. Er kaufte ein, und einem weiteren glücklichen Abend bei mir zu Hause stand nichts im Weg.

Meine neue Wohnung – nun in einem ruhigen und grünen Außenquartier gelegen – wurde unsere gemeinsamen Oase: Die großen Fenster gaben den Blick auf die umliegende Bergwelt frei. Bei schönem Wetter glitzerten die verschneiten Bergkuppen in der Sonne. Weiße Blumen und Kerzen. Eine geschwungene Corbusier-Liege stand im Wohnzimmer, ein moderner Esstisch, bequeme Sessel. Wie viele Abende verbrachten wir dort, redeten und lachten, während in der offenen Küche das Abendessen brutzelte? Die Liebe zum Kochen verband uns beim Putzen von Gemüse und Schälen von Knoblauch, beim Hacken von Zwiebeln, beim Schneiden und Würzen des Fleisches.

Hätte zu diesem Zeitpunkt jemand behauptet, dass der gleiche Mann mich nach stundenlanger Folter mit einem Küchenmesser bedrohen wird, ich hätte diesen Menschen für verrückt erklärt. Am Anfang rührte seine Fürsorglichkeit mein Herz: Einmal nahm er meine Wäsche mit nach Hause und überreichte sie mir einige Tage später säuberlich gefaltet als flauschigen Stapel. Er wollte meine Wohnung reinigen, damit wir noch mehr Zeit miteinander verbringen könnten. Er legte mir im Halbschlaf die Decke über die Schulter, und am Morgen brachte er mir den Kaffee ans Bett.

Die Erinnerungen an ertrogene glückliche Momente sind heute die schlimmsten. Bittere Illusion. Unfassbarer Betrug. Mit einem widerwärtigen Gefühl verbinde ich die Vorstellung, dass mich Hände berührten, die getötet haben, und Augen in meine Seele blickten, die auch bei meinem Sterben zusehen wollten.

Verstörend ist die Einsicht, dass ich mich in diesen Mann verliebte, und nicht zu verkraften wäre diese Ungeheuerlichkeit, könnte ich mir nicht sagen: Es war ein raffiniert geschaffenes Trugbild, das begeisterte, es war die gefälschte Darstellung seiner Existenz, die überzeugte. Wie er die Gabel sanft in die Kartoffel stieß. Wie er über die imaginären Bartstoppeln fuhr oder hustete, wenn ihm etwas nicht passte. Gepflegt gekleidet, glatt rasiert, fein parfümiert. Sogar die feinen Falten auf seiner Stirn und, wenn er lachte, über den Wangen verliefen symmetrisch, einer Ordnung folgend, die auf ein geregeltes Leben schließen ließ.

Seine optische Perfektion wurde durch eine leichte Gesichtslähmung getrübt, die beim Sprechen sichtbar war. Ich sprach ihn darauf an: Er habe in seinem früheren Haus den Rollladen repariert, sei ausgeglitten und aus dem zweiten Stockwerk in die Tiefe gestürzt, erklärte er.

Später erfuhr ich die wahren Umstände des Unfalls, der sich drei Jahre vor unserer Bekanntschaft und zwei Jahre nach seiner Haftentlassung zugetragen hatte: Die alarmierten Polizeibeamten trafen auf einen aggressiven Mann, der seine Exfreundin seit Wochen bedrohte und verfolgte. Während der polizeilichen Befragung sei der Angeschuldigte plötzlich aufgestanden, zu einem Fenster gerannt, habe es geöffnet und sich drei Meter in die Tiefe gestürzt. Aus den medizinischen Berichten geht hervor, dass sein Überleben ein Wunder war. Das Schädelhirntrauma, die zahlreichen Knochenbrüche, das Thoraxtrauma konnten in wochenlanger Pflege im Krankenhaus behandelt werden. Tiefe Schnittverletzungen im Gesicht verheilten, die Lähmung im Gesicht und eine Narbe am Kopf blieben sichtbar.

Von diesen Umständen wusste ich nichts, als ich der gezackten Narbe an seinem Kopf entlangstrich. Er schloss die Augen und küsste meine Fingerspitzen. Ich erzählte ihm mein Leben, auch die tragischen Details. In traumwandlerischer Sicherheit fanden wir uns, in den Erfahrungen, den Ansichten und Erkenntnissen. Ich war glücklich, glaubte einen Menschen an meiner Seite, der mich ganz und gar verstand.

Auch ihm waren Enttäuschungen nicht erspart geblieben. Die vorletzte Freundin habe ihn am Krankenhausbett verlassen. Die letzte Freundin sei aidskrank gewesen. Er nahm mich in den Arm. »Zusammen sind wir stark.« Über seine Exfrau, die Mutter seines Kindes, sprach er nie schlecht. Vorbei ist vorbei. Er mochte Frauen, die eigenständig sind, Ziele haben, Geld verdienen.

Meine Freundinnen sprachen gut auf ihn an, das war mir wichtig. Dass er fast keine Kollegen hatte und keinen Kontakt zu seiner Mutter pflegte, machte mich nicht stutzig. Er hatte jetzt mich und mit mir meine Freunde, meine Geschwister, meine Hobbys. Spielend leicht machte er mir immer wieder klar, dass auch er Wertvolles zu schenken hatte. Die Verfügbarkeit. Den übergroßen Willen zur Zweisamkeit.

Irgendwann erwähnte er eine Haftstrafe. Ich fragte nicht weiter. Vorbei ist vorbei. Jeder Mensch hat eine zweite Chance verdient. Wie dumm ich damals war, wie leichtsinnig. Anfänglich freute ich mich über seine intensive Aufmerksamkeit: Sein Bedürfnis, mit mir zusammen zu sein, am liebsten jede freie Minute des Tages, nahm ich als Zeichen seiner verbindlichen Begeisterung. Im Nachhinein war jene Zeit die friedlichste, in der wir beinahe symbiotisch funktionierten und ich ihm völlige Transparenz und – wenn auch unfreiwillig – die komplette Kontrolle über meine Existenz gewährte.

Aus der ersten Verliebtheit befreit, wollte ich nach einigen Monaten gelegentlich eine Stunde allein verbringen und ab und zu eine Freundin treffen. Roli reagierte irritiert, dann gereizt, dann fassungslos. Wie ein Kind, das sich von der Mutter nicht abschütteln lässt, forderte er meine ungeteilte Aufmerksamkeit und war höchst beunruhigt, wenn ich auf meinen bescheidenen Bedürfnissen als eigenständige Person bestand. Ich erklärte, appellierte, war verärgert, war enttäuscht. Seine Antwort war immer dieselbe: »Wenn du nichts zu verheimlichen hast, kann ich überall dabei sein.«

Seine Verfügbarkeit kippte in Anhänglichkeit und später in eiserne Umklammerung. Bereits idealisierte er mich, bereits war ich kein Mensch mehr aus Fleisch und Blut, sondern ein unfehlbares Wesen, das an diesem Anspruch zwangsläufig scheitern musste. Ich konnte mich nicht befreien, vielleicht, weil die Leidensfähigkeit in mir drin ist, viel eher aber, weil er im nächsten Moment im Übermaß gab, was ich mir so sehnlich wünschte: Geborgenheit, Zärtlichkeit.

Damals ahnte ich nicht, dass seine innere Welt desolat war, entkoppelt von Moral, sozialen Werten und Mitgefühl. Heute weiß ich: Seine Liebesschwüre waren in Wirklichkeit Drohungen, die sanften Gesten ein Zerren und Stoßen. Und bald wollte er mehr, wollte nicht nur haben, was ich gab, sondern alles nehmen, was ich mir in vielen Jahren aufgebaut hatte. Meine Freundinnen sagten: »Er will so sein wie du. Er liebt dich abgöttisch.«

Er eiferte mir nach und entdeckte in diesem Zusammenhang seine Sportlichkeit neu, dabei trat er in einen offenen Wettkampf mit mir, die ich über eine gute Kondition verfügte und mich seit Jahren als aktive und ambitionierte Inlineskaterin betätigte. Jetzt sah ich ihn zum ersten Mal als Gegner. Obwohl er körperlich geschwächt war, über unfallbedingte Schmerzen klagte und seit Jahren kein Konditionstraining absolviert hatte, entwickelte er einen ebenso überbordenden wie sinnlosen Ehrgeiz. Obsessiv, seine Kräfte falsch einschätzend, uneinsichtig, unberechenbar. Manchmal stand er im Training kurz vor einem Zusammenbruch. Die Umsetzung der fixen Idee, einmal bei einem Wettkampf gemeinsam mit mir durchs Ziel zu fahren, gelang ihm. Im Nachhinein disqualifizierten ihn jedoch die Schiedsrichter. Er hatte sich die Durchfahrt mit einem Abkürzungsmanöver erschlichen.

In seiner Wohnung hing eine neu gerahmte Fotografie an der Wand. Sie zeigte Roli, der vor seinem Unfall als aktiver Kicksportler an Schweizer Wettkämpfen erfolgreich war: in Siegerpose auf einem Podest. Bei näherer Betrachtung bemerkte ich, dass es sich um eine Fotomontage handelte. Er hatte sein Gesicht auf den Torso des Siegers kopiert. Als ich ihn darauf ansprach, flüchtete er sich in Ausreden, und beim nächsten Besuch war das Bild verschwunden.

Vier Monate später passierte etwas, was mir einen bleibenden Stachel unter die Haut trieb. Nach einem harmonischen Wochenende, keine Minute verbrachten wir getrennt, wollte ich am Montagmorgen das Haus verlassen. Roli bestand darauf, mich zur Arbeit zu fahren und am Abend abzuholen. Seinen Wunsch, die Berufskollegen und auch den Chef kennen zu lernen, ignorierte ich seit Wochen hartnäckig. Einmal war er schreiend und wild mit den Händen fuchtelnd unter meinem Fenster auf dem Vorplatz der Firma aufgetaucht und hatte Einlass begehrt.

An diesem Morgen erklärte ich ihm, dass ich mit meinem Auto zur Arbeit fahren werde, weil ich nach Feierabend ins Fitness wolle. Widerwillig ließ er mich ziehen. Im Auto verzögerte sich meine Abfahrt infolge eines Anrufs. Als ich aufgrund eines Geräusches in den Rückspiegel blickte, sah ich Roli – der sich unbeobachtet wähnte – aus dem Haus stürmen. Blind vor Wut, die Bewegungen unkoordiniert. Drei Sekunden später raste er mit seinem Auto Richtung Stadt. Mir hinterher, wie er glaubte.

Aschenbrödel

Er kontrollierte mich. Zum wie vielten Mal? Ich erschrak. Aggressive Reaktionen, auch verbale Ausfälle oder offen ausgetragene Wut hatte es in unserer Beziehung bisher nicht gegeben, und Zeugin dieses Zwischenfalls war ich durch einen Zufall geworden. Eine Fälschung war dieser Mensch, ein Trugschluss, das weiß ich heute. Was er sagte, was er fühlte, wie er sich benahm: Lügen. Liebenswürdigkeit, Geduld und Respekt rang er sich unter Aufbietung sämtlicher Kraftreserven ab, er verleugnete den bösen Kern seiner Persönlichkeit, unterdrückte seinen inneren Zorn, die Aggressionen und schuf eine fantastische Kreation, die zu täuschen und zu umgarnen wusste. Dass ihn die Kraft für das Schauspiel irgendwann verlassen musste, war eine Frage der Zeit.

Ende Februar 2007 entschied ich mich für ein Skiweekend mit meinen Arbeitskollegen in Andermatt. Der geplante Ausflug wurde zum Gegenstand täglicher Diskussionen. Ich blieb stur, packte am Freitagabend meine Tasche und ging. Bereits bei meiner Ankunft in Andermatt quoll meine Combox über, und die Nacht stand noch bevor. In den folgenden Stunden rief Roli ständig an, es waren schreckliche Szenen, und nachts um vier war ich schließlich dermaßen entnervt und beunruhigt, dass ich zu ihm nach Rickenbach fuhr. Er war betrunken und außer sich, ein vernünftiges Gespräch schien unmöglich. Am nächsten Tag erklärte ich ihm kurz und bündig, dass sich ein solches Theater auf keinen Fall wiederholen dürfe.

Ab diesem Zeitpunkt beobachtete ich ihn genauer, versuchte, sein Wesen zu analysieren und mich weniger von meinen Gefühlen leiten zu lassen. Er verfügte über einen sechsten Sinn für solche Feinheiten, spürte meine veränderte Haltung und ließ seinem obsessiven Misstrauen, von dem er aus Erfahrung wissen musste, dass es den weiteren Verlauf der Dinge steuern und negativ beeinflussen würde, freien Lauf. Unter der sanften und liebenswürdigen Oberfläche begann sich ein anderes Wesen abzuzeichnen. Als dominant empfand ich ihn von nun an mit seinen übermäßigen Besitzansprüchen. Andererseits erschien er mir schwach. Ein Mensch mit intaktem Selbstbewusstsein reagiert anders.

In den folgenden zwei Monaten ereigneten sich verschiedene kleinere und größere Zwischenfälle, die unsere Beziehung belasteten. Ich fand sein Verhalten befremdend und immer öfters auch abstoßend. Es war eine krankhafte Eifersucht, die ich seiner übergroßen Liebe zuschrieb. Wir verbrachten immer noch sehr viel Zeit miteinander. Ich versuchte mich so zu verhalten, dass ich ihm keinen Anlass für erneute Ausbrüche lieferte, fühlte mich aber zunehmend unfrei und isoliert. Bis auf die Kontakte bei der Arbeit und mit meinem geliebten Zwillingsbruder und dessen Frau waren meine außerhäuslichen Beziehungen auf ein absolutes Minimum reduziert.

Sorgen und Probleme mochte ich nicht mehr mit Roli besprechen. Ich scheute diese Nähe instinktiv – die Nähe, die aus Liebe wachsen kann, dem anderen aber auch Macht verleiht. Unter solchen Umständen konnte sich keine Partnerschaft entwickeln, ich begann, an einer gemeinsamen Zukunft zu zweifeln.

Auf meine Versuche, ein wenig Distanz zu gewinnen, reagierte er mit wachsender Panik und mit Wehleidigkeit. Immer öfter klagte er über heftige Schmerzen und bewegte sich hinkend, was ihn allerdings nicht daran hinderte, sein unsinniges Sportprogramm zu absolvieren. Ich zeigte wenig Mitleid, hielt sein Gebaren für gespielt. Er war zunehmend nervös und unruhig. In der Küche seiner Wohnung stand ein Glas mit Tabletten, die er offenbar nicht schlucken wollte. Ich wusste, dass er sich in psychotherapeutischer Behandlung befand, und fragte ihn nach der Bedeutung der Medikamente. Er antwortete ausweichend. Beim nächsten Besuch waren sie verschwunden.

Dass er mich in dieser Phase der Beziehung unbedingt heiraten wollte, von Kindern und einem Häuschen im Grünen träumte, irritierte mich. Ungewollt war ich in die Rolle einer übermächtigen Prinzessin gerutscht, die einem männlichen Aschenbrödel den gläsernen Pantoffel überstreifen und ihm die Flucht aus seinem marginalen Dasein ermöglichen sollte.

Da überreichte er mir eine kleine Schmuckbox und freute sich dabei wie ein Kind. Ich war unangenehm überrascht. Den gravierten Goldring – auf der Innenseite stand sein Name – sollte ich sofort überstreifen. Er war mir zu groß. Am Abend wollte ich mir die Gravur in seinem eigenen Ring ansehen und nahm ihn von der Ablage im Bad: Es stand ein fremder Frauenname drin. Wie immer wenn ich ihn entlarvte, folgte eine durchdachte und wohlformulierte Erklärung, die das Ungeschick als Fehler anderer darstellte.

Das Talent, aus dem Stegreif unglaubliche Lügengeschichten zu erfinden, die irgendwie plausibel klangen, hatte er in seinem Leben bei Hunderten von Gelegenheiten perfektioniert. Der Juwelier habe die Verwechslung zu spät bemerkt und angeboten, die richtige Gravur anzubringen, was eine Verzögerung der geplanten Geschenkübergabe bedeutet hätte. Er regte sich künstlich auf und beschimpfte den Juwelier übel. Die Bemerkung, mein Ring wirke getragen, verbiss ich mir. Nachdem er an meine Hand angepasst worden war, trug ich ihn. Widerwillig. Dem Frieden zuliebe.

Untiefen

Meinem Umfeld teilte ich wenig von meinen privaten Turbulenzen mit. Die bizarren Details waren mir unangenehm und peinlich. Meinen Zwillingsbruder und seine Frau hielt ich allerdings auf dem Laufenden. Sie kannten Roli, fanden ihn am

Anfang charmant und umgänglich, die späteren Schilderungen beunruhigten jedoch beide.

Meine Befürchtungen, dass nicht die übergroße Liebe zu mir, sondern persönliche Probleme sein Verhalten bestimmten, verstärkten sich im Spätsommer 2007. Roli reagierte immer unberechenbarer, und ich dachte zum ersten Mal über eine Trennung nach. Als könnte er Gedanken lesen, drohte er von nun an offen mit Suizid, sollte ich ihn verlassen. Beunruhigt schob ich die noch unreife Entscheidung auf.

Dennoch kontaktierte ich Rolis Hausarzt. Im August 2007 klärte ich ihn über die Situation und ein mögliches Ende der Beziehung auf. Er antwortete, er sei an das Arztgeheimnis gebunden, dürfe mir also keine Auskunft über seinen Patienten geben, und ob ich einverstanden sei, dass er die Polizei informiere. Ich antwortete, da ich den Sachverhalt nicht kenne, müsse ich diese Entscheidung ihm überlassen.

Am nächsten Tag meldete sich die Polizei bei mir. Koni Sigrist, der Beamte des Polizeipostens Sempach – in dessen Einzugsgebiet Rolis Wohnort Rickenbach fiel –, wollte wissen, was ich über die Vergangenheit meines Partners wisse. Ich antwortete wahrheitsgemäß: bis auf die Haftstrafe nichts Schlimmes. Der Polizist, der über Rolis mörderische Vergangenheit und seine wiederholten Rückfälle im Bild war, wie ich heute weiß, machte eine diffuse Bemerkung, die ich nicht zu deuten wusste. Meine Sorgen über das seltsame Verhalten meines Partners relativierte er, riet jedoch zu einer Beendigung der Beziehung. Bei ernsthaften Problemen solle ich die Polizei-Notrufnummer 117 wählen. Nach diesem Telefongespräch war ich beruhigt. Bestünde eine Gefahr für mich, hätte der Beamte anders reagiert, war ich überzeugt.

Der Hausarzt hatte geraten, mich Schritt für Schritt aus der Beziehung zu lösen und auf eigenen Aktivitäten zu beharren.

Am 7. September wollte ich eine langjährige Freundin in Dielsdorf besuchen. Tagelang versuchte Roli mich von diesem Plan abzubringen. Je näher der Freitagabend kam, desto hysterischer benahm er sich. Ich sagte ihm, dass jede Liebe Freiräume benötige und er sich beruhigen solle. Ich versprach, ihn am nächsten Mittag anzurufen.

In Erinnerung an seine telefonischen Belästigungen, als ich in Andermatt war, schaltete ich mein Handy aus. Mareika und ich verbrachten einen ruhigen Abend. Am nächsten Morgen – meine Freundin wollte ihre Kinder zum Sport bringen – kehrte sie aufgeregt in die Wohnung zurück. Mein Cabriolet sei verwüstet worden. Beim Augenschein präsentierte sich mein Auto mit eingeschlagenen Seitenfenstern und stark beschädigter Frontscheibe. Ich vermutete sofort, dass dieses Werk auf Rolis Konto ging.

In der Zwischenzeit hatte mich mein Zwillingsbruder angerufen, der zur telefonischen Zielscheibe von Rolis aufgestauten Aggressionen geworden war. Mein Zwillingsbruder sagte: »Er läuft Amok. Melde dich sofort bei ihm.« Bei einem Beamten des Polizeistützpunktes Rümlang deponierte ich am 8. September eine Anzeige gegen unbekannt und teilte mit, dass mein Partner als Verursacher infrage komme. In diesem Zusammenhang erwähnte ich die Vorfälle der vergangenen Wochen. Solange ich aber nicht mit Sicherheit wusste, dass Roli für dieses Debakel verantwortlich war, wollte ich keine konkreten Anschuldigungen machen.

Auf dem Heimweg rief ich Roli an. Der Wolf hatte in der Zwischenzeit Kreide gefressen. Er nannte mich »Schatz«. Fast verzweifelt sei er. »Wo warst du?« Ich erinnerte ihn daran, dass ich ihm meine Pläne im Detail mitgeteilt hatte und mich jetzt, wie versprochen, bei ihm melden würde.

Während des Gesprächs stellte sich heraus, dass er sich in

meiner Wohnung aufhielt. Dies verstieß gegen unsere Abmachung und bedeutete für mich eine weitere Grenzüberschreitung. Obwohl er seit einigen Monaten im Besitz meines Hausschlüssels war, sollte er sich nicht alleine in meinen vier Wänden aufhalten.

Roli öffnete mir meine Haustür und präsentierte sich frisch geduscht und sorgfältig gekleidet. Sein properer Aufzug und die ruhige Verfassung konnten nicht über die feinen Schnittwunden an seinen Händen sowie die blauen Flecken an den Handballen hinwegtäuschen. Die Verletzungen – so vermutete ich – rührten von jenem Objekt, mit dem er in blinder Wut auf mein Auto eingeschlagen haben musste.

Meine Beobachtungen teilte ich am Montag schriftlich dem Hausarzt mit, der mich telefonisch darüber informierte, dass sich Roli bei ihm gemeldet habe und wissen wollte, ob er unter Medikamenteneinfluss zu solch einer Aktion fähig wäre. Der Hausarzt musste das Gefahrenpotenzial erkannt haben. Er wusste über die dunkle Vergangenheit seines Patienten Bescheid, und im Gegensatz zu mir wusste er auch von mindestens drei Übergriffen auf ehemalige Arbeitskolleginnen und Expartnerinnen von Roli, die sich in jüngerer Vergangenheit zugetragen hatten. Trotzdem hielt er es nicht für nötig, mich zu warnen.

Der Polizeibeamte aus Rümlang hatte mir versprochen, eine Meldung an den Polizeistützpunkt Sempach zu machen. Der Bericht über die Sachbeschädigung am Fahrzeug und mein Verdacht zum möglichen Verursacher sollten an das Amtsstatthalteramt Luzern weitergeleitet werden. Im betreffenden Polizeirapport war mein Verdacht allerdings nicht enthalten, es wurde von einer unbekannten Täterschaft ausgegangen.

Heute weiß ich: Da Roli mit seinem Verhalten – inklusive der erwähnten Stalkingvorfälle – gegen die klaren Auflagen seiner letzten Haftentlassung aus dem Jahr 2006 verstoßen hatte, wäre das Amtsstatthalteramt zu sofortigem Handeln verpflichtet gewesen. Es geschah nichts. Außer dass ich in einem unbeobachteten Moment meinen Hausschlüssel von Rolis Schlüsselbund entfernte, was am selben Abend, als er es entdeckte, eine riesige Szene provozierte.

In den kommenden zwei Wochen ging es mir schlecht. Ich wusste nun, dass das Ende unserer Beziehung unumgänglich war. Mental stark, hatte ich in meinem Leben schon verschiedene lang andauernde Stresssituationen bewältigt. Als Kind fand ich in der ausweglosen häuslichen Situation keine Erklärungen für das Verhalten meiner Eltern, aber ich zerbrach nicht, sondern entwickelte innere Ausdauer und Leidensfähigkeit, damit alles auszuhalten war. Im Sport ist es einfacher, man hat die Ziellinie im Visier. Um durchzuhalten, weiterzukommen, das Vorhaben umzusetzen oder abzubrechen, ist es unabdingbar, die eigenen Kräfte und Schwächen, aber auch diejenigen des Gegners richtig einzuschätzen.

Diese Strategien hatten mir bisher auch bei persönlichen Problemen weitergeholfen. Bei Roli ließen sie sich nicht anwenden, weil seine Reaktionen zusehends unberechenbarer wurden. Es war mir klar, dass das Beziehungsende nicht reibungslos ablaufen würde, wusste aber nicht, wie ich vorgehen sollte.

Das letzte gemeinsame Wochenende verbrachten wir wie üblich: Wir schliefen aus, frühstückten, gingen in die Stadt, kauften ein und verbrachten den Abend in Rolis Wohnung in Rickenbach.

Auf seinem Sideboard fehlte die Armbrust, wie ich kurz registrierte. Ich hatte einmal erwähnt, dass mich die Präsenz der Waffe störe, und nahm nun an, Roli habe sie aus diesem Grund entfernt. Heute sehe ich es anders: Das Bereitstellen der Armbrust – der späteren Tatwaffe – deutet darauf hin, dass sein Plan, mich zu töten, sollte ich ihn verlassen, zu diesem Zeitpunkt bereits feststand.

Vordergründig zeigten wir uns an jenem Wochenende friedlich und versöhnlich. In Wirklichkeit umschlichen wir uns wie zwei Raubtiere: das eine bereit zur Flucht, das andere auf dem Sprung zu einem blutigen Angriff. Am Sonntag, dem 16. September 2007 – es war ein klarer, schöner Herbsttag –, unternahmen wir eine Spritzfahrt mit meinem geliebten Cabriolet. Das Dach war geöffnet. Es roch nach Erde und Laub. Wir nahmen an einem sogenannten »SlowUp« teil, einer Veranstaltung, bei der Hunderte von Menschen auf Fahrrädern, in Seifenkisten und auf Rollerblades friedlich durch die Natur fahren. Das Tempo ist unwichtig. Es geht um das Gemeinschaftsgefühl, die Geborgenheit in der Gruppe, in der man Rücksicht aufeinander nimmt, wie ich auch Roli erklärte: »Wenn einer fällt, stürzen andere mit ihm.« Wortlos nahm er meine Hand. Ich wagte nicht, sie zurückzuziehen.

Die Normalität aufrechtzuerhalten, hatte mich Kraft gekostet, dies wurde mir an diesem Sonntagabend bewusst. Bei der Verabschiedung kündigte ich an, den Montagabend allein verbringen zu wollen. Seine aufgebrachte, übertriebene Reaktion erstaunte mich nicht mehr, ich beharrte auf meinem Wunsch nach Ruhe.

Mein Verhalten gegenüber Roli war bereits seit Wochen verändert. Respekt und Rücksichtnahme sind im Zusammenleben unabdingbar und prägen auch mein Verhalten gegenüber den Mitmenschen. Bei Roli waren mir diese Eigenschaften abhandengekommen. Er provozierte das Schlechte in mir, und das störte mich beinahe mehr als alles andere. Ich behandelte ihn, wie ich andere Menschen nicht behandelte: bestimmend und ohne Empathie. Fremd war er mir geworden, unheimlich auch, ich verstand ihn nicht mehr.

Den Dienstagabend verbrachten wir bei mir zu Hause. Am Mittwoch erzwang ich einen weiteren freien Abend. Ich besuchte kurz einen alten Freund, beim Abschied blickten wir uns länger an als sonst. Er sagte mir später, er habe gespürt, dass etwas Schlimmes geschehen würde. Die Erinnerungen an die folgenden Stunden sind mit Wehmut verbunden. Es sind beiläufige Verrichtungen und unwichtige Gedanken, die dem Ende manchmal vorausgehen, in den meisten Fällen aber nicht mehr nachvollziehbar sind. Bei mir teilen sie das Leben in ein Davor und in ein Danach, und wie durch eine Lupe betrachte ich diese zufälligen und kostbaren Momente heute: An diesem Abend wollte ich mich in den schönen und sauberen Kokon meiner Wohnung zurückziehen und dabei meine häuslichen Routinen pflegen, die ich von jeher liebe, denn sie verleihen mir Stabilität und Sicherheit. Ich trug den schwarzen Trainer und die flauschigen Socken, die mir meine Schwägerin gestrickt hatte. Draußen war es bereits dunkel. Ich zündete an verschiedenen Plätzen in der Wohnung Kerzen an und bereitete ein leichtes Abendessen zu.

Anschließend ging ich meine Post durch, genoss die Ruhe und schaltete später den Fernseher ein. Die Nachrichten vom 19. September 2007: schlechtes Wetter, weiterhin. In den USA werden die Leitzinse gesenkt. Der Bundestag beschließt die Verlängerung des Afghanistan-Einsatzes um ein Jahr. Boris Becker hat eine neue Freundin. Als ich meine Mails kontrollierte, sah ich als Erstes eine Nachricht von Roli, der sich bitterlich über sein Alleinsein an diesem Abend beklagte.

Der Moment, um eine längst fällige Entscheidung in die Realität umzusetzen, kündigt sich manchmal unerwartet an, und es ist für mich nicht mehr nachvollziehbar, weshalb in den folgenden Minuten der unbändige Wunsch wuchs, die Beziehung – jetzt sofort – zu beenden. Ich wusste, dass ein vernünftiges Gespräch nicht möglich sein würde, wollte meine Worte sorgfältig wählen und verfasste einen langen Brief. Wieder und wieder ging ich das Geschriebene durch, prüfte Wörter und Aussagen, die das Ende besiegelten. Auf Anschuldigungen und Verletzungen wollte ich verzichten und ihm gleichzeitig klar verständlich machen, dass wir nicht füreinander geschaffen waren.

Als ich den Text zwei Stunden später abschickte, die Send-Taste meines Computers drückte, spürte ich Erleichterung und Trauer. Im Schreiben hatte ich auch gebeten, eine Kontaktaufnahme im ersten Gefühlschaos zu unterlassen, und bot an, am nächsten Tag ein ausführliches Gespräch zu führen. Nach wenigen Minuten schrillte der Festnetzanschluss. Kurz darauf läutete mein Handy.

Nacht

Unruhe und Angst breiten sich heute in meinem Körper aus, wenn ich an den akustischen Auftakt dieser folgenschweren Nacht denke: Es klingelt unaufhörlich. Wie leise Schreie kommen mir diese Töne zunächst vor. Anfänglich flehend, dann fordernd und anklagend, später wütend und aggressiv.

Ich laufe zur Wohnungstür, prüfe erneut, ob der Schlüssel gedreht ist, will diesen Tag möglichst schnell beenden und beschließe, schlafen zu gehen. Um 22.30 Uhr klopft es an mein Küchenfenster. Wie bei einem amerikanischen Motel liegen Wohnungstür, Küchenfenster und Badzimmerfenster in meinem Block gegen einen offenen beleuchteten Laubengang.

Rolis Umriss – muskulös und von mittlerer Statur – zeichnet sich durch das satinierte Glas im Küchenbereich ab. Mit ungutem Gefühl bediene ich den Kippmechanismus des Fensters, seinem Drängen, sofort ein Gespräch zu führen, gebe ich nicht nach. Er verlangt seine Sachen zurück: Deo, T-Shirt, Pantoffeln. Ich willige ein, heiße ihn einen Moment warten, schließe das Fenster und sammle eilig die wenigen Dinge ein, die an seine Existenz in meinem häuslichen Leben erinnern und von denen ich froh bin, wenn er sie mitnimmt.

Ich verpacke alles in eine Plastiktüte und laufe ins Badezimmer. Das Fenster befindet sich auf einer Höhe von einem Meter siebzig. Ich steige auf den Rand der Badewanne. Es scheint mir sicherer, diese Luke zu öffnen und ihm die Habseligkeiten so auszuhändigen. Seine Stimmung hat sich in der Zwischenzeit verändert. Er ist jetzt wütend, aggressiv.

Fluchend nimmt er die Tüte entgegen. Dann geht alles blitzschnell: Mit einem gewaltigen Sprung erklimmt er den äußeren Fenstervorsprung, stößt die halb offene Luke auf und reißt beim gewaltsamen Eindringen in das Badezimmer einen Teil der Einrichtung mit. Mit ohrenbetäubendem Lärm landet er auf dem Fußboden, dann folgt sekundenlange Stille. Wir stehen einander gegenüber. Wortlos. Ich bin komplett schockiert. Dann renne ich los. In der irrsinnigen Hoffnung, zum Telefon zu gelangen, will ich die Nummer 117 alarmieren. Mit zwei Sätzen holt mich Roli ein, fasst mein Handgelenk, reißt mich brutal zurück. Bisher hat er mich nie tätlich angegriffen. Der Schmerz ist atemberaubend.

Starr vor Angst verharre ich reglos und versuche, einen klaren Gedanken zu fassen. Roli läuft wortlos durch die Wohnung, und schweigend legt er Handy und Telefon auf die hoch gelegene Hutablage der Garderobe. Erst jetzt sehe ich die Plastiktüte in seiner Hand, die Umrisse der Armbrust zeichnen sich ab. Ich kann die Bedeutung der Waffe zu diesem Zeitpunkt nicht einschätzen, vielleicht verweigert mein Inneres auch das Begreifen dieser zusätzlichen Gefahr.

Von Kind an gewohnt, auf unberechenbare Gewaltausbrüche mit Anpassung und strategischem Vorgehen zu reagieren, täusche ich eine ernsthafte Verletzung am Arm vor. Schließlich kann ich Roli davon überzeugen, mich ins Krankenhaus zu bringen, und verspreche, dort von einem selbst verschuldeten Unfall zu erzählen.

Um 23 Uhr fahren wir mit meinem Auto los. Roli sitzt am Steuer. Die Straßen sind menschenleer. Er fährt ruppig, schnell, wählt kleine Straßen und Umwege. An der Kreuzung, die zum Krankenhaus führt, fährt er wortlos vorbei. Jetzt bin ich in seiner Gewalt. Jetzt bin ich seine Geisel. Die immense Furcht, bisher eine unförmige Wolke im Kopf, kriecht in die Luftröhre und inwendig dem Körper entlang. Sie raubt mir den Atem, vergrößert jedes Organ, klammert sich im Herzen fest, explodiert im Magen. Ich weiß instinktiv, dass dies der Anfang einer furchtbaren Reise ist.

Auf alles und jedes hatte Roli stets Antworten parat. Abstruse Erklärungen, unsinnige Behauptungen. Jetzt beantwortet er die Fragen nicht mehr, und mein inständiges Flehen, mich freizulassen, ignoriert er. Er sieht keinen Grund mehr zu lügen, und dieser Umstand beunruhigt mich mehr als alles andere. Wir fahren schweigend durch die Nacht.

Was denkt man? Was fühlt man? Ich bin eingekapselt in mir selbst, unfähig, einen klaren Gedanken zu fassen. Mit der Furcht vor dem Ungewissen beginnt in dieser Nacht eine neue Dimension des Empfindens, mit nichts vergleichbar, was ich bisher erlebt habe. Die Angst als Gebilde mit scharfen Kanten aus Furcht und Schmerz, dann ein formloses Ungeheuer, das klebrig in die Seele fließt und sich nie mehr vollständig entfernen lässt.

Draußen fliegen Schatten vorbei, heftig zerrt der Wind an

der Natur, die Straßenlampen schaukeln nervös im Wind, die Straßen sind regennass. Ich erinnere mich nicht an alle Einzelheiten, denn das detailreiche Schreckliche versteckt sich gerne in der unwegsamen Topografie des Unterbewusstseins.

Was ich über diese Nacht sagen kann: Ich wusste nicht, dass der Tod ein dermaßen launisches, eitles Wesen ist. Die Erkenntnis, dass sich seine beste Freundin – die Angst – so facettenreich und herrschsüchtig benimmt, verändert mich für immer. Die Angst implodiert, sie mutiert, und nicht ohne Fantasie und schlaue Schachzüge nistet sie sich in mir ein. Sie will der Hoffnungslosigkeit und der Gleichgültigkeit, die dem Ende vorausgehen, den Weg ebnen. Wie das Entsetzen, das sich einem ebenso ungeniert aufdrängt, kennt die Angst keine Scham. Sie bleibt und fordert, die Angst verteidigt ein Territorium, das sie erobert glaubt.

Ich weiß nicht, wie lange wir unterwegs sind, als sich in der Dunkelheit ein gleißender Planet auftut. Die Plakate mit den abgebildeten Kaffeebechern kommen mir unwirklich vor. Auch das angrenzende Glashaus ist menschenleer. Der Wagen hält neben einer Tanksäule. Ich will die Tür aufreißen und fliehen. Sofort steht Roli neben mir. Seine Gefährlichkeit ist jetzt spürbar. Wie gelähmt betrachte ich ihn, sehe ihn agieren, den Tank füllen, ohne dass er den Blick von mir abwenden würde. Eine Flucht ist unmöglich.

Wir verlassen die Lichtinsel, und jetzt erkenne ich die Anordnung der Straßen, den Weg zu seinem Haus, den ich häufig gefahren bin, in Vorfreude, mit Einkäufen, mit der Sportausrüstung im Kofferraum, die Haare flatterten im Wind, das Glück war damals beinahe fassbar. Wir sind in Rickenbach. Das schmucklose Mehrfamilienhaus steht leicht zurückversetzt frei stehend auf einer Parzelle mit Blick über die bereits kargen Felder. Die offen stehende Garage liegt hinter dem Haus.

Er fährt den Wagen hinein und parkt ohne Abstand direkt an die rechte Wand. Nie werde ich das dröhnende Krachen vergessen, mit dem das Tor hinter uns zuknallt.

Der winzige Raum ist schwach erleuchtet. In einer Ecke stapeln sich Winterpneus. Es riecht nach Öl. Ich blicke Roli an und realisiere erst jetzt, was geschehen wird: das Auto, der kleine Raum, der gefüllte Tank. Wie oft hat er gedroht, sich umzubringen? Der Gedanke, so zu sterben, ist unfassbar. Ich schreie zum ersten Mal. Ich schreie um mein Leben und weiß, dass mich niemand hören kann. Der Motor läuft immer noch, die wenigen Kubikmeter Frischluft werden bald oder nach einer Ewigkeit verbraucht sein. An einer Kohlenmonoxidvergiftung werden wir nicht sterben, das verhindert der eingebaute Katalysator. Wir werden ersticken.

Raum und Zeit lösen sich in dieser furchtbaren Erkenntnis auf, mein Inneres bebt, zittert, staunt ungläubig, während mein Körper gelähmt bleibt. Nicht einmal den kleinen Finger kann ich mehr bewegen. Mein Hirn ist wie ausgeschaltet. Ich weiß nicht, wie lange es dauert, bis ich wieder denken kann. Einmal las ich über diese Todesart, dass der Beeinträchtigung der Atemtätigkeit die Atemlähmung und schließlich der Atemstillstand folgen werden. Vor dem Ersticken kommt der Schwindel, und der Ohnmacht folgt hoffentlich ein schneller Tod. Am nächsten Tag wird man uns finden, vielleicht aneinandergelehnt, vielleicht das Gesicht an die Fensterscheibe gedrückt, grotesk deformiert oder fast wie schlafend wirkend, und dennoch werden wir tot sein.

Dunkel und tief ist die Angst. Gefangen bin ich und bis auf einen Zipfel meiner Jacke, den ich vor Mund und Nase presse, auch schutzlos. Ein gemeinsamer Suizid, werden jene denken, die uns finden. »Ich wurde ermordet«, will ich schreien. Schwindel ergreift mich und meine Gedanken.

Andere Selbstmörder wählen für diese Todesart einen Lieblingsort in der Natur aus. Bei laufendem Motor ein schönes Bild betrachtend. Oder einen Hügel mit Sicht in ein geliebtes Tal, auf die Brandung des Meeres. Ich starre auf eine Betonwand. Mit den schmalen Bändern wirkt sie fast elegant: ein grauer Himmel, ein Staudamm, der in dieser Nacht nicht brechen will, weil dahinter das Leben und das Glück liegen. Das einzige Geräusch verursacht der laufende Motor. Einst verheißungsvoller Klang, ist das monotone Rauschen nun die Ankündigung des Endes.

Die sprachlose Einsamkeit, in der wir nebeneinandersitzen, schmerzt mehr als alles andere. Wenn ein Mensch in Geiselhaft gerät und einer großen Gefahr ausgesetzt ist, setzt er normalerweise alles daran, mit dem Täter in Kontakt zu treten. Darum wird den Opfern der Mund verklebt, eine Kapuze übergestülpt. Würde die Geisel sprechen, wäre sie ein Wesen aus Fleisch und Blut, und das Töten wäre nicht mehr so einfach. Mich muss man nicht verhüllen, fesseln, knebeln. Von mir weiß Roli alles. Ich weinte in seinen Armen. Wir lachten über ähnliche Dinge. Was soll ich ihm offenbaren? Er kennt mich in- und auswendig. Für ihn bin ich ein Mensch. Ein Mensch, den er gestern noch liebte. Es ist das Böse, das mir in dieser Nacht begegnet, in Form eines Mannes, den auch ich geliebt und dem ich vertraut habe. Tief im Innern gerät etwas durcheinander. Ab jetzt traue ich meiner Wahrnehmung und meinem Urteilsvermögen nicht mehr und somit auch nicht mehr jenem der anderen.

Die Verwunderung über schreckliche Geschehnisse, die einen überfallartig und ohne jegliche Vorbereitung überrollen, machen das Herz lange Zeit zu einem unbefestigten Ort. Ich fühle mich doppelt so groß wie sonst. Aufgedunsen scheinen meine Hände, der Kopf ist eine schwammige Masse. Ich kämpfe gegen eine Müdigkeit an, wie ich sie noch nie erlebt habe, und in wirrem Taumel zerfließt schließlich meine Welt.

Stumme Schreie

Als ich aus der Ohnmacht erwache, dichtet Roli das Garagentor mit meiner Sportbekleidung aus dem Kofferraum ab und überprüft eine Öffnung in der Wand, die, zwar verschlossen, dennoch Frischluft anzuziehen scheint. Der Boardcomputer blinkt und signalisiert, der Motor müsse abgestellt werden. Ich weiß jetzt, dass mindestens zwei Stunden vergangen sind.

Roli setzt sich ins Auto, will den Tod erzwingen, der ihm ein Schnippchen zu schlagen scheint. Die drohende Endlichkeit macht den Menschen zu einem fremden Wesen. Das Überleben wird zu einem Makel, zu einem Zeichen der Schwäche, einem Indiz für Feigheit. Das unbedingte Festhaltenwollen am Leben ist eine destruktive Erfahrung. Menschen werden im Angesicht des Todes zu Kannibalen, Mördern und Feiglingen, seltener aber zu Helden und Märtyrern.

Aufgrund eines winzigen Hoffnungsschimmers, der sich in Form von Luft bemerkbar macht, werde ich zur Opportunistin: alles ein Irrtum, ein Test. Nicht ernst gemeint. Ein Neuanfang ist möglich. Die Liebe noch da.

Er beschimpft mich nicht, er spricht nicht, er ist ohne jegliches Mitleid. Er stellt den Motor ab. Diesen Moment, als er endgültig zu einem Unmenschen wird, kann ich genau beschreiben: Ich kämpfe um mein Leben, als er mich aus dem Auto zieht, mir die Kleider vom Körper zerrt. Nackt und zitternd vor Angst stehe ich vor ihm. Die Luft ist erfüllt von Abgasen, als er mich auf der heißen Kühlerhaube meines Cabriolets vergewaltigt. Meine Schreie sind gellend und stumm. Ich rieche seine Ausdünstung. Sein Schweiß und die Demütigung kleben an mir. Es ist die Rache für sein Scheitern. Mich besitzen, mich bezwingen. Der einzige Weg, um seine Macht erneut zu beweisen. Zuerst kommt der Ekel, dann kommt der Hass. Was der Hass mit einem machen kann, wie er sich anfühlt, der Hass: Das wusste ich bis anhin nicht.

Der Mann blickt auf mich herab. Ich kenne diesen Menschen nicht. Ich will mich ankleiden, raffe meine Sachen zusammen und renne, einem Reflex folgend, halbnackt zum Garagentor. Der Stahlknauf liegt kühl und glatt in meiner Hand, die Freiheit ist zum Greifen nah. Aber die Tür ist zusätzlich verriegelt. Mein Mörder steht jetzt hinter mir. Siegesgewiss. Er weiß, dass meine Lage hoffnungslos ist. Er kann sich Zeit lassen, meine Verzweiflung ruhig geschehen lassen.

Schließlich stehen wir einander erneut gegenüber. Ich sehe die gespannte Armbrust, höre das Klicken. Zwischen diesem Geräusch und dem Eindringen des Pfeils in meinen Körper vergeht der Bruchteil einer Sekunde. Ich sehe Roli in die Augen. Es ist die vollkommene Leere in seinem Blick, der mir für immer in Erinnerung bleiben wird.

Wie ein Schlag trifft mich der Schuss, ungläubig blicke ich auf meinen Köper. Das Geschoss steckt in der linken Brust, ich spüre, dass meine Lunge durchbohrt ist. Ich knicke ein, weißes Licht umgibt mich. Trotzdem ist ein klarer Gedanke möglich: Man darf den Fremdkörper nicht entfernen, weil die inneren Verletzungen sonst aufreißen und der Blutverlust fatal sein kann.

Ich liege auf dem Boden, als sich Roli über mich beugt und mir den Pfeil brutal aus dem Köper reißt. Ich erwache nicht, als er den Pfeil erneut einspannt, abdrückt, auch diesen herausreißt, ihn erneut einspannt und den dritten Schuss auf mich abgibt. Alle Schüsse verletzten mich lebensgefährlich, wie ich später den medizinischen Berichten entnehme. Der dritte Pfeil – so erfahre ich ebenfalls später – steckt vollständig in meiner Brust, und Roli kann ihn nicht herausreißen. Nun ist er seiner Waffe beraubt, einen anderen Pfeil besitzt er nicht.

Später behauptet er: Wo genau das Herz ist, habe er nicht gewusst. Von den Qualen habe er mich mit dem zweiten und dem dritten Schuss erlösen wollen. Das Atmen sei ihr schwergefallen, geröchelt habe die Frau, gibt er bei der polizeilichen Befragung an. In Wirklichkeit wollte er mich nicht erlösen, sondern die Folter weiterführen, so bin ich heute überzeugt.

Als ich aus der Ohnmacht erwache, sind Hände und Füße eng am Rücken gefesselt, die Stricke miteinander verbunden. Ich liege in meinem Blut und kann mich nicht bewegen und kaum atmen. Jemand hebt mich hoch, die Schmerzen sind jetzt überwältigend. Der Deckel des Kofferraums ist geöffnet. Ich will etwas sagen, mich wehren, schreien. Aber es geht nicht. Als wertloses Bündel werde ich in die winzige Mulde geworfen.

Unbeschreibbar ist der Moment, als der Kofferraumdeckel über mir zuknallt. Vollkommene Dunkelheit umgibt mich. Ich kann mich nicht bewegen. Sehe nichts. Höre nichts. Es ist heiß und stickig.

Vielleicht liegt es an den chemischen Substanzen, die mein Körper zur Schmerzbewältigung produziert, oder das Hirn wird bereits mit körpereigenen Endorphinen überschwemmt, die auch die Wahrnehmung verändern, auf jeden Fall glaube ich, lebendig begraben zu sein. Ich gerate augenblicklich in größte Panik, versuche, um mich zu schlagen, und zum ersten Mal seit Stunden höre ich mich weinen. Mein eigenes Schluchzen ist mir fremd und bringt mich nach wenigen Sekunden in die Realität zurück.

Der Motor startet. Am Fahrstil erkenne ich Roli, der am Steuer sitzt. Das Auto schießt durch die Nacht. Dem Ende entgegen. Ich weiß, dass er sich umbringen will. Und ich weiß, dass er mich mitnehmen wird. Ich sehe nichts, und die wahnsinnige Angst vor dem, was letztendlich im Bruchteil einer Sekunde geschehen wird, ist unbeschreiblich, weil grenzenlos. Das Entsetzen umschließt mich. Wie ein Mantel aus flauschigem Kaschmir will es freiwillig zugelassen werden, und wenn man sich wehrt, verwandelt es sich in ein Kettenhemd von erdrückendem Gewicht. Ich werde bei lebendigem Leib in einem Auto verglühen. Im Wasser ertrinken. Bei einem Aufprall zerschmettern. Die Einsamkeit, die ich empfinde, ist nicht in Worte zu fassen, und auch sie begleitet mich für immer als Erinnerung.

Der Weg in den Tod, der ein gewaltsames Ereignis sein wird, ein durch Menschenhand absichtlich herbeigeführtes Sterben, ist ein monströses Ereignis. Wer ermordet wird, kann nicht in Würde sterben, und der nackte Überlebenswille löst bösartig eine unmenschliche Furcht aus. Aber nicht das Leben zieht nun an mir vorbei, die geliebten Menschen, die schönen Ereignisse, die glücklichen Tage. Es ist abgrundtiefes Entsetzen vor dem Ungewissen, das mich überwältigt. Todesangst.

Wo du hingehst

Man sagte mir später, die Fahrt habe beinahe zwei Stunden gedauert. Mir kommt sie endlos vor. Hundert Minuten, mehr als sechstausend Sekunden auf dem mühsamen Weg ins Nichts.

Die Verzweiflung kommt als Naturgewalt. Sie schlägt in

Wellen über mir zusammen, reißt mich in Strudeln in die Tiefe, bis ich beinahe an ihr ersticke, und flacht plötzlich wieder ab. Ohne diese Pausen, gefüllt mit Leere, gefüllt mit nichts, würde ich den Verstand verlieren.

Gleichzeitig fließt der Schmerz wie Säure durch mich hindurch, feine Rinnsale, sprudelnde Bäche. Die Schmerzen rauben mir den Atem, verunmöglichen alles, und dann schleichen auch sie sich plötzlich weg, als wollten sie sich für einen erneuten Angriff sammeln. Geist und Körper werden irgendwann zu separaten Erlebniswelten. Sie wollen offenbar nichts mehr miteinander zu tun haben, sondern kämpfen gegeneinander um die Vormachtstellung.

Wenn die Hoffnungslosigkeit und die Euphorie nach mir greifen, gerate ich in einen vielfarbigen Zustand, den ich nicht begreifen kann. Das Zeitgefühl und die Orientierung verliere ich vollständig. Zwischendurch frage ich mich, ob ich vielleicht bereits tot bin, in der Hölle gelandet, ohne dass ich es bemerkte. Dass ich irrsinnig werde, will das Böse nicht, sonst müsste es auf mich als Spielgefährtin verzichten. So lässt es mich immer wieder ohnmächtig werden, um mich beim Aufwachen erneut in seine Gewalt zu nehmen.

Heute kann ich mir vorstellen, dass Menschen, die Ähnliches durchmachen mussten, irreparable geistige und seelische Schäden davontragen. Die Unberechenbarkeit dieser langen Nacht und die Ungewissheit darüber, wie mein Leben enden wird, verändern alles – für immer.

Man blickt in einen schwarzen Abgrund, von dem man geahnt hat, dass es ihn gibt und dort vielleicht nur Dunkelheit liegt. So ist es aber nicht: Beim Blick in diese Tiefe nimmt die Seele Kontakt mit dem Bösen auf, und was sich dort unten abspielt, ist entsetzlich. Wenn du lange in einen Abgrund blickst, blickt der Abgrund auch in dich: Dieser Satz – er stammt von Nietzsche, und ich verstand ihn bisher nicht – ist wahr. Das lerne ich in dieser Nacht, und zu diesem Zeitpunkt möchte man sich von Menschen und Momenten verabschieden, die man liebt, seinen Besitz ordnen und verteilen, mit nackten Füßen durch Gras laufen, ein Sommergewitter erleben.

Auch das bleibt mir verwehrt, aber mit dem Leben abzuschließen, fällt trotzdem nicht schwer. Weil diesem Zustand ein Prozess vorangeht, der Sekunden, Minuten, Stunden und bei anderen Menschen auch Tage, Wochen und Monate dauern kann. Das Leid, die Verzweiflung gehen der Erkenntnis voraus, dass der Tod eine Erleichterung sein wird. Bei mir kündigt sich dieser Moment unvermittelt an. Tränen begleiten die Einsicht. Ich bin gereinigt von dem dummen Willen, dem Schicksal auf Augenhöhe begegnen zu wollen, mit ihm zu ringen, gar einen Handel einzugehen, als hätte man es mit einem Hausierer zu tun.

Der Tod kann eine Erlösung sein. Ihn zuzulassen, ist eine Willensentscheidung. Hilfsbereit will er in meinem Fall nicht sein. Er beharrt auch auf meiner Autonomie. Ich höre seine einschmeichelnden Worte, ölig und bösartig. Ich möchte mich aufgeben, damit er mich mitnehmen kann, aber ich bringe es einfach nicht über mich.

Dieser Moment bringt einen Wendepunkt, den ich bis heute nicht begreife: Zuvor war ich zäh, leidensfähig. Meine physische Kondition hat mein bisheriges Überleben möglich gemacht. Aber geistig und seelisch bin ich terrorisiert, verwirrt, gefangen in mir selbst, von den sich überstürzenden Ereignissen überfordert, zu keiner Kontrolle oder vernünftigen Idee fähig.

Jetzt, nach meiner Weigerung zu sterben, erreicht mich rätselhafte Energie. Leben! Ich will leben. Und zumindest vorübergehend schaffe ich es, mich auf meine innere Stärke zu besinnen. Ich zwinge mich zu ordentlichen Bildern und Gedanken, die mich an das Leben binden.

Diese Fügung des Schicksals erstaunt mich bis heute, denn sie geschah in einem unsinnigen Moment und ohne dass sich an meiner Situation etwas verändert hätte. Dumm vielleicht, Selbstüberschätzung, sicher. Aber von nun an versinke ich in mir selbst, diesmal in meiner Kraft: Sie hat mich gerettet. Während der Tod in seiner Ecke hockt, werde ich in kürzeren Abständen ohnmächtig. Einmal glaube ich beim Erwachen in pechschwarzer Nacht ein Lichtlein zu sehen und versuche verzweifelt, mit der Nase an diesen Punkt zu gelangen. Wenn ich es schaffe, so bin ich überzeugt, wird der Kofferraumdeckel aufspringen. Ich bin dem Ersticken nahe, als das Auto endlich hält und der Deckel tatsächlich geöffnet wird.

Wenn man mich heute fragt, was Erlösung ist, dann antworte ich. »Für immer, dieser Moment.« Die Lungen füllen sich mit kalter Luft, am Horizont zeichnen sich die Umrisse eines Hauses ab, über mir sind die Sterne. Ich will schreien, bringe aber keinen Ton zustande. Mein körperlicher Zustand hat sich in den vergangenen Stunden verschlechtert. Roli beugt sich zu mir herunter, spricht flüsternd Drohungen und schickt mich erneut in die Dunkelheit meines winzigen Verlieses. Er hat die Macht, mit mir zu machen, was er will, und diese Erniedrigung ist das Schlimmste, was er mir antun kann.

Ich verliere das Bewusstsein erneut, für wie lange, weiß ich nicht. Als Nächstes realisiere ich, wie ich hochgehoben werde. Wir sind erneut in Rickenbach. Roli schleppt mich in seine Wohnung. Mein Körper ist wie ausgelöscht, Hände und Füße spüre ich nicht mehr. Ich möchte wissen, wie schlimm die Verletzungen sind. Dass der Pfeil des dritten Schusses vollständig in meinem Körper steckt, weiß ich zu diesem Zeitpunkt nicht.

Es fehlt mir jetzt an Kraft, den Kopf zu bewegen. So lasse ich mich wie eine Puppe auf sein Bett legen. Roli löst die komplizierten Fesselungen. Er weiß, dass ich alleine keinen Schritt mehr gehen kann. Unfähig, mich zu rühren, liege ich auf dem Bauch und verharre während der nächsten sechs Stunden in dieser Position. Es fühlt sich an wie Druckverband, den Kopf lasse ich über die Bettkante hängen.

In der Stille lausche ich seinen Schritten, versuche mir vorzustellen, was er vorhat. Später kommt er mit einem Bild in der Hand auf mich zu. Es ist eine riesige Collage. Dutzende von Fotografien verschwimmen vor meinen Augen. Von ihm. Von mir. Von uns. Beim Inlineskaten. Auf einer Wanderung. Beim Essen. Auf einem Bild küssen wir uns. Auf einem anderen umarmt er mich. In stundenlanger Arbeit ausgeschnitten, zusammengesetzt, verziert. Ein gebasteltes Glück. Eine auf Karton zusammengeklebte Gemeinschaft. Wir sind eins. Wir gehören zusammen. Ich schließe die Augen.

Eiskönigin

Im Nachhinein fragte ich mich, weshalb er uns nicht umgebracht hat. Es boten sich verschiedene Gelegenheiten. Heute glaube ich: Er folgte einem Plan, und sein Wille war es, mich qualvoll zu zerstören. So wie er selbst längst vernichtet war. Zwei hoffnungslose Menschen, ineinander aufgehend. Anders ist sein Vorgehen für mich nicht erklärbar.

Er weiß, was er tut, agiert kontrolliert, unaufgeregt die meiste Zeit. Mein Körper macht sich irgendwann davon und ebenso das Bewusstsein: Ich liege auf einer Bergspitze, und Schneeböen wehen über mich hinweg. Eine feine Eisschicht bedeckt mich. Jetzt bin ich eine Schneekönigin. Aber leider tot. Erfroren. Es ist mir egal. Als ich wieder bei Sinnen bin, ist es nicht anders. Den Stunden, in denen ich verzweifelt um mein Leben kämpfte, folgt die Gleichgültigkeit. Sie trägt mich davon. Sie kostet mich keinerlei Mühe. Sie ist ruhig und angenehm.

An der übermäßigen Angst kann man sich abarbeiten, und wenn sie alle Kraft und Energie aufgefressen hat, gewöhnt man sich offensichtlich auch an sie. Die Gleichgültigkeit ist ein Geschenk. Sie verhindert, dass zum Tode Verurteilte, wenn sie zum Galgen geführt werden, in hysterische Panik ausbrechen. Sie macht, dass Menschen im Angesicht des Todes nicht wahnsinnig werden. In der Gewissheit, dass dem Tod nicht zu entrinnen ist, liegt eine seltsame Ruhe und eine magische Kraft.

Jetzt ist es sehr still in der Wohnung. Ich sehe meinen Mörder nicht, weiß nicht, was er macht oder als Nächstes plant. Bisher schien Roli Herr seiner Sinne zu sein. Aber als ich aus einer erneuten Ohnmacht erwache, ist sein Zustand verändert. Er ist ruhelos, an der Grenze zur Panik. Ich höre schlurfende Schritte zwischen Tür und Gang. Auf und ab. Hin und her. Ich versuche die Augen geschlossen zu halten.

Als ich das nächste Mal aufblicke, steht er am Bettende und blickt mich wortlos an. In der Hand hält er ein Küchenmesser mit einer dreißig Zentimeter langen glatten Klinge. Es ist beinahe unwichtig, was geschehen wird. Aber zum zweiten Mal in dieser schrecklichen Nacht holt mich die Erinnerung an meine Kindheit ein, damals, als ich nicht wusste, was zu tun ist, was zu sagen ist, um die Gewalt des Vaters abzuwenden, wie seine Unberechenbarkeit zu entschlüsseln wäre. Nie hätte ich gedacht, dass dieses kindliche Gefühl der Ohnmacht noch gesteigert werden kann, und auch dafür hasse ich Roli für immer.

Bin ich bei Bewusstsein, leide ich jetzt unter wiederkehrenden Schüttelfrösten. Roli deckt mich zu. Im nächsten Moment wird er mich ersticken. Er gibt mir zu trinken. Im nächsten Moment wird er mich erstechen. Irgendwann fragt er mich: Wo befindet sich das Herz? Ich antworte nicht.

Dem Polizeirapport entnehme ich später, dass er – ich muss erneut ohnmächtig geworden sein – seinen Physiotherapeuten angerufen und ihm dieselbe Frage gestellt hat. Dieser glaubt, Roli leide unter Herzbeschwerden, und rät, den Hausarzt zu anzurufen.

Nun sitzt Roli an meinem Bettrand am Boden, unschlüssig, was als Nächstes zu tun sei, wie mir scheint. Irgendwann höre ich ihn im Nebenzimmer weinen. Zu diesem Zeitpunkt muss er die Tabletten genommen haben. Das ist der Moment, als er innerlich zusammenbricht. Er weint nicht um mich, um uns – sondern um sich selbst. Er realisiert, dass diese Nacht auch für ihn negative Konsequenzen haben wird: eine erneue Inhaftierung, die mögliche Verwahrung.

Draußen wird es bereits hell, fahles Morgenlicht dringt durch die Fenster. Roli telefoniert, er teilt meinem Chef mit, dass ich nicht zur Arbeit erscheinen werde, da ich unter einer Magen-Darm-Grippe leide. Hellsichtig und kaltblütig agiert er, und im nächsten Moment spricht er undeutlich und bewegt sich torkelnd durch die Wohnung. Lange Zeit sitzt er neben mir auf dem Fußboden, das Messer immer in der Hand.

Mein körperlicher Zustand hat sich in den letzten Stunden verschlimmert, ich fühle mich so leicht wie eine Feder und möchte wegfliegen. Das Leben hängt an einem seidenen Faden, ich spüre es so deutlich wie nie zuvor. Die Schmerzen sind jetzt in den Hintergrund getreten, ich fühle mich beinahe leer.

Im Nachhinein habe ich das Gefühl, dass der Tod – erneut gewandelt und jetzt sehr schlecht gelaunt – endlich vorwärtsmachen wollte. Roli sitzt wimmernd neben mir, die Augen unklar, die Kleidung verrutscht und zerknittert. Er fragt: »Was soll ich tun?« Einer plötzlichen Eingebung folgend, höre ich mich antworten: »Ruf Hartmut an, er kann helfen.«

Als ich erwache, sagt Roli, er habe seinen Psychotherapeuten Hartmut Schmid angerufen. Dieser werde um die Mittagszeit eintreffen. Ich bin fassungslos. So unvermutet der Hoffnungsschimmer aufgezogen ist, so schnell ist er vernichtet. Ich weiß, dass ich nicht mehr lange durchhalten kann. Auch verstört mich, dass Roli erneut genügend Zeit erhält, um seine Meinung zu ändern und uns doch noch umzubringen. Ich bedeute ihm, mir das Telefon zu reichen. Er ist derart benebelt, dass er dies tut.

Mein Überleben verdanke ich keinem Wunder, sondern meiner inneren Kraft und den Tabletten, die Roli genommen hat. Meiner Meinung nach hat er die Medikamente nicht im Wunsch, zur Vernunft zu kommen, geschluckt, sondern aus der Hoffnung heraus, bei einer Gerichtsverhandlung von einer bedingten Zurechnungsfähigkeit profitieren zu können, wenn ihn die Polizei in diesem Zustand vorfinden und befragen würde.

Schwer wie Blei liegt das Telefon in meiner Hand. Ich drücke die Wiederwahltaste und weiß, es ist die letzte Chance, um zu überleben. Als sich Hartmut Schmid meldet, möchte ich vor Erleichterung weinen. Seine Stimme verbindet mich mit der Außenwelt – das erste Mal seit vielen Stunden.

In wenigen Worten erkläre ich, dass ich Hilfe benötige. Er fragt, ob er die Ambulanz verständigen müsse. Ich antworte: »Ja, dringend.« Der Therapeut kündigt an, dies zu tun und sofort loszufahren. Ich erhasche einen Blick auf Rolis Armbanduhr: Es ist neun Uhr. Ich befinde mich seit über zehn Stunden in seiner Gewalt.

Was ich zu diesem Zeitpunkt nicht weiß: Rolis langjähriger Therapeut, der ihn auch während der Inhaftierung betreut hatte, stellte ihm in der Vergangenheit positive Beurteilungen aus. Schmids Einschätzungen, so darf vermutet werden, führten unter anderem dazu, dass der Mörder Roland A. vorzeitig aus dem Strafvollzug entlassen worden war. Und obwohl Roli in den darauffolgenden Jahren unzählige Male straffällig wurde und offensichtlich keine positive Entwicklung in der laufenden Therapie mit Schmid zeigte, sah dieser keine Veranlassung zu handeln. Eine Eskalation der aktuellen Situation hätte zwangsläufig ein negatives Licht auf seine berufliche Qualifikation geworfen. Dies musste verhindert werden, so interpretiere ich sein Verhalten heute.

In der Hoffnung, die Katastrophe möge sich bilateral regeln lassen, verständigt er – nach meinem verzweifelten Appell und entgegen seinem Versprechen – weder die Polizei noch die Ambulanz. Bei einer polizeilichen Befragung sagte er später aus, er habe auf Deeskalation gesetzt. Für mich war die Eskalation längst Realität. Seine »Strategie« hätte mich das Leben kosten können.

Zum Glück weiß ich von all dem nichts, als mir der Hörer aus der Hand fällt und ich zum ersten Mal auf Rettung hoffe. Als Schmid fünfunddreißig Minuten später eintrifft, orientiert er sich an den Blutspuren in der Wohnung und findet mich schwer verletzt im Schlafzimmer. Er befragt mich kurz, behält aber Roli im Auge, der in der Wohnung randaliert. Bereits hat er sich Schnittwunden zufügt, jetzt droht er damit, sich das Messer in den Körper zu rammen.

Nach einem Wortwechsel mit seinem Patienten verständigt der Therapeut schließlich die Polizei und die Ambulanz. Später laufen maskierte und schwarz gekleidete Polizisten durch die Wohnung. Die Situation ist noch immer undurchschaubar.

Erst als die Sanitäter eintreffen, weiß ich, dass ich gerettet bin. Fast ein Dutzend Menschen sind nun in der Wohnung: Polizei, Ärzte, Schmid, mein Mörder und ich.

Was mit Roli geschieht, bekomme ich nicht mehr mit. Ich höre ihn schreien. Man hebt mich auf eine Bahre, leistet erste Hilfe, setzt mir Infusionen, verabreicht mir Schmerzmittel, wickelt mich in eine Wärmedecke. Alles geht sehr schnell, jeder Handgriff sitzt in sicherer Routine. Ich werde zur Wohnungstür hinausgetragen, das enge Treppenhaus hinunter. Die letzten Worte von Roli dröhnen mir bis heute in den Ohren: »Schatz, Schatz.«

Draußen herrscht ohrenbetäubender Lärm. Ein Hubschrauber der Rega wartet mit drehendem Rotor auf mich. Der Arzt fragt mit Zeichen, ob ich startklar sei. Von der Bahre aus hebe ich den Daumen. Alles wird gut. Und genauso fühle ich mich zu diesem Zeitpunkt. Wir fliegen durch den stahlblauen Himmel eines geschenkten Tages. Anhand der Berge erkenne ich bald, dass wir in Luzern sind. Der Heli setzt auf dem Dach des Kantonsspitals auf. Man übergibt mich dem Rettungsdienst, rollt mich rennend durch neonhelle Korridore. Im Schockraum warten bereits Ärzte und Schwestern. Bevor man mich in die Röhre des Computertomografen schiebt, fragen sie mich, wen sie benachrichtigen sollen, worauf ich den Namen meines Zwillingsbruders und seine Handynummer nenne. Das letzte Geräusch, das ich höre, ist ein dumpfes Dröhnen. Dann bin ich weg.

Überleben

Ein heller Pfeifton weckt mich. Ich weiß nicht, wo ich bin. Im Jenseits? Alles ist weiß. Über mir erscheint ein Gesicht, die Lippen bewegen sich in Zeitlupentempo, echoartig dringen Laute an mein Ohr: Intensivstation. Lebensgefahr. Operiert. Großes Glück gehabt.

Ich bin mit piepsenden Maschinen, Infusionen und Schläuchen verkabelt. Zwei Menschen stehen neben meinem Bett. Mein Zwillingsbruder und seine Frau. In diesem Moment realisiere ich, dass ich überlebt habe. Ich freue mich so, die beiden zu sehen. Die Ärzte erklären mir in knappen Worten, was in den vergangenen Stunden geschehen ist. Bei der Operation wurde der in der Leber steckende Pfeil entfernt. Im medizinischen Bericht steht, dass ich ein perforierendes Thoraxtrauma erlitten habe, durch die langen Projektile sind beide Lungen verletzt. Die Blutung im Herzbeutel muss in den folgenden Tagen überwacht werden. Unzählige Bluttests – darunter Hepatitis und HIV – wurden bereits vorgenommen. Damit die Vergewaltigung mit Sicherheit zu keiner Schwangerschaft führen würde, verabreicht man mir die Pille danach.

Auch die langen Stunden meiner Gefangenschaft machen die Verletzungen gravierend, und in den ersten Tagen schwebe ich in Lebensgefahr, erklären mir die Ärzte später. Die gesetzten Lungendrainagen verursachen Qualen, die mich an den Rand der Verzweiflung bringen. Ich erhalte Morphium. Und Sauerstoff, damit ich atmen kann.

Meinen Aufenthalt auf der Intensivstation erlebe ich abgekapselt von der Außenwelt, benebelt durch die starken Medikamente, die tröpfchenweise in mein System fließen.

In diesem Zustand nimmt die Kriminalpolizei Luzern das erste Mal mit mir Kontakt auf, eine ausführliche Befragung zu den fatalen Ereignissen der Nacht soll zu einem späteren Zeitpunkt stattfinden, da ich noch nicht vernehmungsfähig bin. In den Schweizer Zeitungen erscheinen am 21. und 22. September 2007 Artikel zum »Armbrustschützen von Rickenbach«, der seine Partnerin stundenlang in seiner Gewalt hielt, folterte und lebensgefährlich verletzte. »Er war wegen Mordes verurteilt« titelten die »Luzerner Neusten Nachrichten« (LNN) wenige Tage später. Die Boulevardzeitung »Blick« rollte Rolis Vergangenheit auf und stellte jetzt nach dem neuen Verbrechen fest: »Keiner hat ihn gestoppt«.

Davon bekomme ich nichts mit. Meine Kollegen und Freunde ahnen, dass meine Unerreichbarkeit mit diesen Schlagzeilen zu tun haben könnte. Sie rufen bei der Polizei und im Kantonsspital an, aber aus Datenschutzgründen geben die zuständigen Stellen meine Identität nicht preis, und so erlebt mein Umfeld eine Zeit schrecklicher Ungewissheit.

Eine Kollegin versucht mich zu eruieren, indem sie im Umkreis von Luzern verschiedene Personen mit Nachnamen Dill kontaktiert. Darunter auch einen Mann, der die Bekanntschaft mit mir verneinen muss. Später schickt er mir eine Ansichtskarte zu: Er wisse nicht, wer ich sei, melde sich aber aus Sorge, mir könnte etwas zugestoßen sein. Diese Anteilnahme tut mir gut. Denn schon bald hege ich den Verdacht, dass meine Vernichtung der Schlusspunkt eines angekündeten Dramas war, das durchaus hätte verhindert werden können.

Starke Medikamente sollen mich vor den Schmerzen bewahren und mich so weit dämpfen, dass mich die Ereignisse der Nacht nicht schockartig einholen und den Genesungsprozess der ersten Tage gefährden.

Irgendwann tritt ein Arzt an mein Bett. Er müsse mir eine

Nachricht überbringen. Roland A. habe sich – in der zweiten Nacht seiner Inhaftierung – umgebracht. »Er ist tot.« Ich höre mich antworten: »Das ist gut.« Auch wenn ich in jenem Moment nicht bei vollem Bewusstsein war, ich denke auch heute noch so: Es ist gut, dass Roli nicht mehr lebt. Für mich ist es gut. Für die Gesellschaft ist es gut. Und auch für Roli ist es gut, wie mir später bewusst wird. Seiner gerechten Strafe hat er sich entzogen, so wie er nie Verantwortung für sein Verhalten übernehmen musste. Man ließ ihn auch diesmal davonkommen. Profitieren konnte er von Beamten, die seine Suizidalität offensichtlich nicht erkannten, obwohl er damit gedroht hatte und der frühere Selbstmordversuch in seiner Strafakte vermerkt war.

Einige Tage später treten zwei Psychologen an mein Krankenbett. Sie stellen mir Fragen, die ich weder richtig begreife noch schlüssig beantworten kann. Nach zehn Minuten kommen sie zum Schluss, dass mit mir alles in Ordnung ist.

Ich konzentriere mich anfänglich nur auf das Wiederherstellen der körperlichen Gesundheit: stehen, gehen, atmen. Alles muss neu gelernt werden. Wie sehr ich in den folgenden Jahren auch um mein inneres Leben kämpfen muss, weiß zu diesem Zeitpunkt niemand. Durch die Geschehnisse der Nacht, die stundenlange Todesangst, erklären mir unabhängige Psychologen viel später – und nachdem eine schwere Krise mich beinahe erneut das Leben gekostet hat –, sei es, als wäre meine Identität vorübergehend ausradiert worden. Auch aus diesem Grund sage ich heute: »Ich wurde in jener Nacht ermordet.« Für die einen mag diese Formulierung dramatisch klingen, eine Übertreibung sein. Sie lebt ja noch. Sie sieht doch gesund und gut aus.

Man sieht den Menschen nicht an, was in ihrem Innern vor sich geht oder welche Schicksalsschläge sie durchstehen mussten. Die wichtigste Voraussetzung, um leben zu können, ist Vertrauen. In die anderen. Vor allem in sich selbst. Man schöpft es aus Erkenntnissen und Hunderten von Erfahrungen, die das eigene Handeln und die möglichen Konsequenzen einschätzbar machen. Ist dieses Vertrauen weg, gerät die Seele ins Wanken. Stein für Stein muss die eingestürzte Mauer wieder aufgebaut werden, und wenn das neue Werk dasteht, ist es windschief und bleibt vor einem neuen Zusammenbruch nicht zwangsläufig verschont. So ist die Rückkehr ins Leben ein lang andauernder Prozess, der am 19. und 20. September begonnen hat – zwei Tage, die ich heute als meinen zweiten Geburtstag feiere.

Als mir der Arzt die Todesnachricht von Roli überbringt, bin ich unfähig, die Neuigkeit zu verarbeiten oder einen klaren Gedanken zu fassen. Aber in den folgenden Tagen stabilisiert sich mein Zustand. Von vielen Geräten und Maschinen kann ich nun abgehängt werden, die Medikamentierung wird neu angepasst. Dann darf ich auf die normale Station umsiedeln, schlurfe zusammen mit der Physiotherapeutin und den Infusionsständer neben mir herziehend durch die Krankenhauskorridore, lese die zugeschickten Genesungsbriefe, verliere den Faden jedoch sofort wieder. Eine bisher unbekannte Vergesslichkeit und ein Mangel an Konzentrationsvermögen machen mir zu schaffen.

Da mein Handy am Tatort von der Polizei beschlagnahmt worden ist, rief mein Bruder in der Zwischenzeit meine engsten Freunde an, die zahlreich erscheinen. Die Betroffenheit ist groß. Viele haben Tränen in den Augen. Sie weinen um mich. Die Mutter wird nicht informiert, aber tief in mir drin ersehne ich dennoch ihre Anwesenheit an meinem Krankenbett. Vater, der zu diesem Zeitpunkt bereits mehrere Hirninfarkte erlitten hat, wäre nicht imstande gewesen, die schlechten Neuigkeiten zu verarbeiten, und so verzichte ich auch auf seine Anwesenheit.

Die Sorge meiner Brüder und Freunde um mich, ihr Mitgefühl helfen mir sehr, weil ich mich beschützt und weniger einsam fühle. Dennoch erinnere ich mich an diese zwei Wochen mit gemischten Gefühlen: Einerseits sehe ich das lichtdurchflutete Zimmer mit den vielen Blumen und einem riesigen Smiley-Ballon, der als optimistische Verheißung den Raum mit einem Lächeln erfüllt. So ruhig, sicher und friedlich ist die Atmosphäre. Gleichzeitig drängen Fragen, auf die es keine Antworten zu geben scheint. Wie kann ein Mensch zu solch einer Tat fähig sein? Wie konnte es zu solch einer Eskalation der Gewalt kommen? Trage ich Mitschuld am Geschehen?

Man will mich zu diesem Zeitpunkt nicht mit der Wahrheit über Rolis Vergangenheit konfrontieren, und so zweifle ich vor allem an mir selbst. Ich finde keine Erklärung für sein Verhalten, für diesen überfallartigen Hass, den er empfunden haben muss. Gegen mich, die er liebte. Gegen mich, die er als Mutter seiner Kinder sah.

Ich erhalte noch immer Beruhigungsmittel und Morphium, so sind die extremen Emotionen, die das Nichtverstehen und die schrecklichen Geschehnisse auslösen, unter Kontrolle. Trotzdem gerate ich in eine außerordentliche Unruhe, eine Rastlosigkeit, wie ich sie noch nie erlebt habe. Gleichzeitig bin ich zum ersten Mal mit den Folgeerscheinungen jener körperlichen Verletzungen konfrontiert, die sich bis heute mit meinen Ängsten solidarisieren: Es fehlt mir an Luft zum Atmen. Ich kämpfe immer wieder mit der Angst zu ersticken.

Trotzdem möchte ich wissen, wie es mir ohne Medikamente geht, und bitte um eine Verringerung der Dosis. Die Schmerzen und die Erinnerungen sind beinahe unerträglich. Zwei Tage und Nächte kann ich nicht schlafen, verfalle in einen unwirklichen Erschöpfungszustand, erlebe die Ereignisse jener Nacht immer und immer wieder und quälen mich furchtbare Bilder und Visionen. Die Demütigung, die Erniedrigung, die Gerüche und die Geräusche sind wieder da.

Medizinisch werde ich hervorragend betreut, aber psychologische Hilfe erhalte ich während meines Krankenhausaufenthalts und auch nach meiner Entlassung nur spärlich. Einmal meldet sich Rolis Hausarzt telefonisch bei mir. Er sei überzeugt, dass sich die Tat nicht hätte verhindern lassen. Heute frage ich mich, was er mir damit sagen wollte. Eine Warnung wäre meine Rettung gewesen. Seine Bemerkung quittiere ich mit Schweigen.

Die polizeiliche Befragung möchte ich vor meiner Abreise zu einem längeren Reha-Aufenthalt im Wallis hinter mich bringen. Mein älterer Bruder begleitet mich auf dem ersten Gang in mein altes Leben. Das Abstreifen des weißen Krankenhaushemdes fühlt sich eigenartig an. Als würde ich mich einer Schutzhaut entledigen. Ich schlüpfe in meine frisch gewaschenen Sporthosen und ein T-Shirt, binde die Schnürsenkel. Beim Kämmen blicke ich in den Spiegel. Ich bin es, eindeutig. Als wir durch die Drehtür das Krankenhaus verlassen, bedrängt und verunsichert mich die Außenwelt sofort.

Das gleißende Tageslicht blendet mich, und kalte Luft ergießt sich in meine schmerzenden Lungen. Autolärm und das Lachen eines Mannes dröhnen mir in den Ohren. Ich bin überzeugt, dass man mir die Misshandlungen ansieht, aber als ich mich in einem Schaufensterglas suche, sehe ich die gleiche Frau wie früher.

Auf dem Polizeiposten werde ich ausgiebig zur Nacht befragt. Ein erfahrener Kripobeamter, der Roland A. seit frühester Kindheit kannte, führt das Gespräch. Es dauert Ewigkeiten. Ich bin darauf vorbereitet und darauf gefasst, dass es eine Tortur werden würde. Was ich nicht ahnen konnte, ist, dass man mich bei dieser Gelegenheit auch über das wahre Leben meines ehemaligen Partners aufklärt. Die Schilderungen übertreffen alle Befürchtungen.

Aber erst im Verlauf von Monaten komme ich zu weiteren zuverlässigen Informationen, die ein erschreckendes Porträt meines Mörders zeichnen. So lerne ich ihn auf die schlimmstmögliche Art und Weise neu kennen. Gleichzeitig erhalte ich einen Blick hinter die Kulissen von Polizei, Justiz und forensischer Psychiatrie. Teilweise sind abenteuerliche Umwege erforderlich, um an die jeweiligen Schriftstücke und Unterlagen zu gelangen. Für die unkomplizierte Mithilfe von Menschen, die im Besitz wertvoller Informationen sind und die den Fall Roland A. – je mehr sie erfahren – für ebenso unglaublich halten wie ich selbst, bin ich dankbar.

Die Wahrheit bringt mich immer wieder an den Rand meiner Kräfte. Trotzdem bin ich froh, dass ich Klarheit erhalte. Ungeschehen kann man die Nacht nicht machen, aber quälende Fragen – nach dem Wieso, dem Warum – können im Verlauf der Zeit beantwortet werden. Das Wissen darum, was für eine Person mein Mörder gewesen ist, befreit mich – vor allem vor mir selbst – von der Mitschuld. Wäre Roli ein unbescholtener Mensch gewesen, müsste ich mir heute andere Fragen stellen und tausend zusätzliche Gedanken machen. Die wiederholten Fragen meiner Freunde – »Hast du dir überlegt, weshalb es ausgerechnet dir passiert ist?« – kann ich heute ebenfalls beantworten: »Weil man mich im Stich gelassen hat.« Und ebenso wie diese Erkenntnis wächst im Verlauf der Recherchen der Wunsch, dass sich die Umstände, die zum Verbrechen geführt haben, nie mehr wiederholen.

Pandora

Rolis Zuhause mit einem ebenfalls alkoholsüchtigen Vater führt dazu, dass der ältere von zwei Söhnen ab der dritten Klasse in die Hilfsschule versetzt wird. Die Eltern sind gewalttätig, sperren Roli offenbar tagelang ein. Er verbringt viel Zeit bei der Großmutter und bei einer Tante, die ihm eine schwierige Kindheit attestiert, ihn jedoch als »tollen, lieben Bub« in Erinnerung hat. Der Vater ist anderer Meinung, wie er bei einer früheren polizeilichen Befragung angab. Als Kind habe Roli seinen Bruder aus dem Fenster des elterlichen Wohnhauses gestoßen. Der Junge überlebt, trägt jedoch bleibende Schäden davon und wird in den folgenden Jahren vom älteren Bruder misshandelt und gequält.

Mit sechzehn kommt Roli erstmals mit dem Gesetz in Konflikt. Nebst gewalttätigen Übergriffen auf eine Gruppe junger Homosexueller wird er zum Brandstifter. Ebenfalls findet in jungen Jahren eine erste Tätlichkeit »zum Nachteil einer Frau« statt, wie es im ersten Gutachten über Roland A. heißt, das nach dem Mord an seiner Nachbarin im Jahr 1993 erstellt wird und auf seinen Aussagen basiert. Er absolviert die Realschule, macht eine Kochlehre und beendet die Rekrutenschule.

Als Achtzehnjähriger wird er offenbar bereits zum ersten Mal Vater. Die Frau sei eines Tages ohne Ankündigung mit der Tochter ins Tessin verschwunden, und er habe nie wieder etwas von den beiden gehört, geschweige denn Unterhaltsbeiträge geleistet. Unter der Trennung habe er gelitten, gibt er später an. Teure Kleiderkäufe seien die Folge gewesen und angehäufte Schulden. In seiner Freizeit betätigt er sich als Kickboxer und will freundschaftliche Kontakte mit dem verstorbenen Weltmeister Andy Hug gepflegt haben. Andy Hug bleibt sein größtes Idol, und dessen frühen Tod bezeichnet er immer wieder als »schlimmsten Schicksalsschlag meines Lebens«.

Mit fünfundzwanzig lernt er die spätere Mutter seines zweiten Kindes kennen. Bis dahin seien seine zwischenmenschlichen Beziehungen eher dürftig gewesen. Mit Trix F. will es ihm nach anfänglichen Schwierigkeiten gelungen sein, eine gewisse Nähe aufzubauen. Trotzdem sei er ständig am Anschlag seiner Anpassungsfähigkeit gewesen, und er habe einen ungeheuren Einsatz leisten müssen, um zu erreichen, was er erreicht habe.

Das Jahr 1992 bezeichnet er in einer polizeilichen Vernehmung als »beste Zeit meines Lebens«, da sich seine Wünsche nach einer Berufstätigkeit und einem Familienleben erfüllt hätten. Völlig unverständlich sei ihm selbst daher auch die Tat, er könne sich den Mord nicht erklären. In diesem Zusammenhang bezeichnet der Täter das Opfer als »unattraktiv und schmutzig«. Es habe ihn einfach übermannt, als er in die Wohnung gekommen sei. Die Gewalttätigkeit sei durch die Frau provoziert worden, die damit gedroht habe, ihrem Ehemann von der Vergewaltigung zu erzählen. Jene Handlungen, die das Verbrechen vertuschen sollten, bezeichnet Roland A. als »Selbstschutz«.

Trix F., seine Ehefrau, beschreibt ihren Partner bei der polizeilichen Befragung als »sehr wild«. Als sie sich kennen lernten, habe er nur sporadisch gearbeitet, sei krankhaft eifersüchtig gewesen und habe sie oft geschlagen. Leicht beeinflussbar und verschlossen, sei ihm die gewünschte gesellschaftliche Integration verwehrt geblieben, da er sich unter dem Strich nicht zu benehmen wusste und sehr aufbrausend blieb, obwohl sich sein Verhalten ihr gegenüber im Verlauf der Zeit gebessert habe, so die Aussagen der Ehefrau. Als »umso schockierender« bezeichnet sie den schrecklichen Mord und die damit verbundene Aggressivität. Nach anfänglichem Zögern verzeiht sie ihm, da für sie die Tat »nichts mit dem wahren Roli zu tun hat«.

Das forensisch-psychiatrische Gutachten, das 1993 durch die psychiatrische Klinik Luzern zuhanden des Amtsstatthalteramtes Luzern erstellt wird, ergibt in der testpsychologischen Untersuchung eine knapp durchschnittliche Intelligenz. Hinter der konventionellen Fassade würden sich soziale Ängste verbergen, das Triebleben sei stark betont. Als bevorzugter Abwehrmechanismus wird die Projektion seiner Schwierigkeiten nach außen beschrieben: Die Schuld an seinem Verhalten trügen immer die anderen, an Einsicht in seine Handlungen fehle es.

Diagnostisch, so kommen die Gutachter zum Schluss, handelt es sich um eine schwere, bis in die Kindheit verfolgbare Störung einer »Ich-schwachen Persönlichkeit« mit intellektuellen Limiten und mangelnder Impulskontrolle. Die als ICD-10 definierte Persönlichkeitsstörung gilt nicht als harmlos, ganz im Gegenteil: Sie bedeutet in der psychiatrischen Definition ein tief verwurzeltes und anhaltendes Verhaltensmuster, das sich in starren Reaktionen auf unterschiedliche persönliche und soziale Lebenslagen zeigt.

Von einer Psychopathie ging man bei Roli nicht aus, obwohl die Experten über die frühkindlichen Auffälligkeiten in seinem Lebenslauf Bescheid gewusst haben müssen. Vor allem weil sich Roli aufgewühlt und reuig zeigte, wenn er etwas Schlimmes angestellt hatte, hoffte man auf seine Therapierbarkeit. Auf die Idee, dass diese Reue nur gespielt sein könnte, kamen die Experten nicht. Dafür kamen sie zum Schluss, dass er zum Zeitpunkt der Tat nicht mehr fähig gewesen sei, das

Unrecht seiner Handlungen einzusehen, da er von starken Triebkräften überwältigt worden sei. Während der Vergewaltigung habe eine Mischung von sexuellen und aggressiven Kräften explosionsartig die Oberhand gewonnen.

Seine Zurechnungsfähigkeit während der Vergewaltigung wurde als »in schwerem Grade herabgesetzt« bezeichnet, während des Tötungsdeliktes sei sie »in mittlerem Grad herabgesetzt gewesen«. Die Wahrscheinlichkeit, dass es erneut zu einem solchen Delikt kommen könnte, wird vor dem Haftantritt als gering eingestuft. Um seine pathologische Aggression in den Griff zu bekommen, benötige der Angeschuldigte jedoch unbedingt eine langjährige psychotherapeutische Betreuung, bei der die Vergangenheit aufgearbeitet werden müsse und er mit seiner Selbstkontrolle vertraut gemacht werden solle. So wird Roland A. wegen Mordes und Vergewaltigung – unter Annahme einer verminderten Zurechnungsfähigkeit – zu einer zwölfjährigen Zuchthausstrafe verurteilt.

Angekündetes Drama

Diese Strafe tritt er im Winter 1993 in der Strafanstalt Wauwilermoos an. Zu Beginn arbeitet er in der Schreinerei. Der Chef dieser Schreinerei gibt später zu Protokoll, Roland A. habe anfänglich still und niedergedrückt gewirkt, später sei er durch skrupelloses Verhalten aufgefallen und oft ausgeflippt.

In den folgenden Jahren wird Roli in die Strafanstalten Regensdorf, Bostadel und Lenzburg verlegt. In verschiedenen internen Berichten ist von wiederholter aggressiver Eskalation seines Verhaltens sowie von kleineren disziplinarischen Vorfällen die Rede. Wie immer uneinsichtig, sucht er die Schuld bei den anderen, und so schreckt er auch nicht davor zurück, gegen den Direktor der Strafanstalt Bostadel sowie gegen andere Angestellte des Zuchthauses Beschwerden einzulegen, die er später allerdings wieder zurückzieht.

Als sich seine Ehefrau nach drei Jahren von ihm trennen will, kommt es – entgegen seinen Beteuerungen, er hege deswegen keine schlechten Gefühle gegen sie – zu massiven verbalen und schriftlichen Drohungen. Seine Einschüchterungsversuche, die er immerhin als Gefangener ausübt, werden als dermaßen schwerwiegend qualifiziert, dass eines Tages ein Kommando der Sondereinheit in seiner Zelle steht. Die Vorfälle führen vorübergehend zu einer Verlegung in die geschlossene Strafanstalt Lenzburg.

Im Jahr 1997 findet eine erneute Begutachtung statt, da man sich zur Gemeingefährlichkeit und Rückfälligkeit von Roland A. Gedanken zu machen scheint, insbesondere weil der Häftling Urlaubswünsche anmeldet und die Verlegung in eine halb offene Strafanstalt fordert. Die neuen psychologischen Untersuchungen ergeben, dass sich in der psychischen Struktur und seinen adaptiven Fähigkeiten nichts verändert habe, weil »leider keine Therapie stattgefunden habe«. Vor der Versetzung in eine halb offene Anstalt müsse eine kontinuierliche Psychotherapie stattfinden, befinden die Experten.

So willigt Roli nach vier Jahren Haft endlich in eine Behandlung ein, die bereits bei seiner Verurteilung angeordnet worden war. Eine Therapie gilt als unabdingbare Maßnahme, um das Verhalten eines – als besserungsfähig beurteilten – Gewalttäters zu verändern. Plötzlich kooperativ zeigte sich Roli nicht etwa, weil er seinen Problemen auf den Grund gehen wollte, einsichtig war, echte Reue empfand oder das Risiko minimieren wollte, dass es in Freiheit zu einem erneuten Verbrechen kommen könnte. Sondern weil er auf die damit verbundenen Hafterleichterungen spekulierte. Dies entging auch den Experten nicht, wie den Vollzugsakten zu entnehmen ist.

Die dritte forensische Begutachtung erfolgte zwölf Monate später, im Jahr 1998. Roli – nicht übermäßig intelligent, jedoch auch nicht auf den Kopf gefallen – lobte bei den Befragungen die Sitzungen mit seiner neuen Therapeutin Cordula Senn, zu der er ein »echtes Vertrauensverhältnis« aufgebaut habe. Obwohl ihm die unabhängigen Gutachter noch immer keine wesentlichen Fortschritte in der Therapie bescheinigen, »könnten die Versetzung in eine halb offene Haftanstalt und auch der unbegleitete Urlaub befürwortet werden«, kommen die Experten des forensisch-psychiatrischen Gutachtens zum Schluss. In einem Zwischenbericht schildert Cordula Senn den Verlauf der Therapiesitzungen als »schwierig und mühsam«. Roland A. habe sich von Anfang an unmotiviert verhalten. Seinen Unwillen begründe er folgendermaßen: »Es bringt mir nichts, wenn ich ständig mit der Tat konfrontiert werde.«

Bereits im März 1999 will Roli die Therapie abbrechen, »unterließ dies jedoch aus taktischen Gründen«, sagt Cordula Senn. Die Tat stelle er noch immer verzerrt dar, vor allem behaupte er weiterhin, die – gefesselte – Frau habe den Geschlechtsverkehr selbst gewollt. Als Belohnung für solche Aussagen wird der Verlegung in den halb offenen Strafvollzug zugestimmt, und die unbequeme Therapeutin wird durch den Psychotherapeuten Hartmut Schmid ersetzt, mit dem er »die besten Erfahrungen« mache, wie Roli bald lobt. Später wird festgehalten, »der Explorand« zeige die Tendenz, Therapeuten, die ihn nicht allzu sehr forderten, zu idealisieren«.

Die Ausbildung zum Sporttherapeuten wird ihm im Strafvollzug zwar verwehrt, um seine Aggressionen abzubauen, darf er sich jedoch seinem alten Hobby, dem Kickboxen, widmen. An Frauenbekanntschaften mangelt es ihm auch in der Gefangenschaft nicht. Es sei erstaunlich, wie leicht es ihm falle, den Frauen zu gefallen, heißt es in einem Gutachten. Meist seien die Beziehungen allerdings von flüchtiger Natur.

Bereits im Jahr 2000 stehen die Halbfreiheit und eine bedingte frühzeitige Entlassung zur Diskussion. Die erneute psychiatrische Beurteilung hält fest, Roland A. sei im Laufe der Jahre wohl ruhiger, beherrschter und kontrollierter geworden. Eine Auseinandersetzung mit der Tat habe nach wie vor nicht stattgefunden.

Im Rahmen dieser Beurteilung äußert sich Roli erneut zum Mord an seiner Nachbarin. Er könne keine Garantie abgeben, dass »so etwas« nicht noch einmal geschehe, so wie er sich bis zum heutigen Tag nicht erklären könne, weshalb es damals zu dieser Tat gekommen sei. Anstelle der Bereitschaft, sich mit seinem Delikt auseinanderzusetzen und Mitgefühl für sein Mordopfer zu entwickeln, deutet er die Geschehnisse um: Er habe sich überlegt, ob die Tat etwas mit seiner Klaustrophobie zu tun haben könne, oder vielleicht liege der Grund für den Mord auch im Umstand, dass die Frau eine Ausländerin gewesen sei. Gegen Ausländer habe er allerdings nichts. Das Fazit der neuen psychiatrischen Beurteilung lautet: Es stehe fest, dass eine Deliktverarbeitung mit dem Exploranden nicht erreicht werden könne. Was die Rückfallgefahr betreffe, sei die Prognose einer schweren Straftat zum Nachteil eines unbekannten Opfers eher ungünstig. Ratlos verweist man auf die Statistiken: Im Bereich der Vergewaltigung fänden sich relativ viele Wiederholungstäter, bei den sexuell motivierten Morden jedoch nicht. Man empfiehlt – trotz Rolis neuen Aussagen zum Mord –, vom eingeschlagenen (liberalen) Weg nicht abzuweichen.

Im Jahr 2001 wird Roland A. nach dem Verbüßen einer

achtjährigen Zuchthausstrafe vorzeitig in die Freiheit entlassen. Sein Therapeut Hartmut Schmid befindet, dass eine Weiterführung der Therapie in Freiheit nicht notwendig sei. Der Angeschuldigte verfüge über genügend Realitätssinn, um den Gegebenheiten draußen gewachsen zu sein. Wichtig seien für Roland A. »eine gute Arbeitsstelle, wo er Anerkennung erhalte, und eine klare Führungsstruktur«.

In Freiheit

Dieser Realitätssinn existierte nicht oder kam ihm erneut abhanden, wie sich zeigen wird. Während des Strafvollzugs hatte Roli verschiedene Freundinnen gehabt, und in Halbfreiheit machte er Bekanntschaft mit einer jungen Frau, zu der er nach seiner bedingten Entlassung zog. Die Beziehung sei gut angelaufen, er habe auch eine Anstellung als Milchtechnologe gefunden, erklärte er bei einer späteren polizeilichen Befragung. Die Stelle sei ihm allerdings gekündigt worden, als der Betrieb verkauft wurde. Seine Freundin gab ihm wenig später den Laufpass, worauf er sie belästigte, bedrängte, verbale Drohungen aussprach und der Verdacht aufkam, er sei in die Wohnung ihrer Eltern eingebrochen.

Im März 2003 eskalierte die Situation in der Wohnung der Exfreundin, und Roli stürzte sich in Anwesenheit der Polizei aus einem Fenster in die Tiefe. Diesen Selbstmordversuch überlebte er nur knapp. Im Nachhinein gab er an, ein Blackout gehabt zu haben, er könne sich an nichts erinnern. Später änderte er seine Meinung und sagte, aus einer Lebenskrise heraus habe er viele Medikamente gekauft und konsumiert.

Nach mehrmonatigen Krankenhaus- und Reha-Aufenthalten machte er sich erneut auf Arbeitssuche und fand bald eine Anstellung als Waschmaschinenmonteur. Fast jeden Tag erschien er zudem auf dem Gelände seines ehemaligen Arbeitgebers, angeblich um einen Kollegen zu treffen und ausstehende Lohnzahlungen einzufordern. Ein weibliches Kadermitglied des Betriebes forderte ihn in Absprache mit ihren Vorgesetzten auf, beides künftig zu unterlassen. Als er diese Weisung ignorierte, erteilte ihm die Firma ein Arealverbot.

Aus der untersuchungsrichterlichen Einvernahme des Angeschuldigten geht hervor, dass Roland A. in der Folge massive Beleidigungen und Drohungen gegen diese weibliche Mitarbeiterin ausstieß. Seine Worte – »Ich komme sonst vorbei bei Ihnen. Es ist nicht das erste Mal. Ich habe nichts zu verlieren« – nahm sie, die offenbar über seine Vergangenheit Bescheid wusste, als Morddrohung wahr und zeigte ihn bei der Polizei an. Im Jahr 2004 wurde er der Drohung schuldig gesprochen und zu einer Geldstrafe von fünfhundert Franken verurteilt. Damit war die Sache für die Verantwortlichen erledigt.

Im Reha-Austrittsbericht der Klinik für Neurologie Valens wird festgehalten, der Patient sei völlig auf seine Schmerzen fixiert, und diese Schmerzen stünden in keinem erklärbaren Zusammenhang mit den effektiven Verletzungen. Wenige Monate später wurde Roland A. in einen Autounfall verwickelt und erneut verletzt, woraus eine »eigentümliche Gangstörung« resultierte, wie die zuständigen Ärzte schreiben. Man rät, das bisher verabreichte Morphium zur Schmerzbekämpfung durch ein Antidepressivum zu ersetzen. Seine Arbeit als Waschmaschinenmonteur verlor er, und ab diesem Zeitpunkt blieb er arbeitslos.

Im Frühjahr 2006 lernte er im Internet Katharina Sevill kennen. Er verliebte sich in die verheiratete Frau. Dass sie HIVpositiv war, soll ihn nicht gestört haben. »Er bestand auf ungeschütztem Sex«, gab Katharina Sevill bei der polizeilichen Befragung im September 2006 an, dies habe sie jedoch abgelehnt. Es sei eine Liebesbeziehung entstanden. Später verhielt sich Roli A. übermäßig anhänglich. Dauernd wollte er sie sehen, rief an, schickte SMS. Die Mutter einer Tochter erklärte ihm von Anfang an, dass ihre Familie an erster Stelle stehe. Große Spannungen seien die Folge gewesen. Sie gab zu Protokoll: »Ich hatte den Eindruck, er verhalte sich krankhaft, da er zum Einschlafen ein Bild und ein T-Shirt von mir ins Bett nahm.«

Einmal habe er ihr aufgelauert und sei nach einem Streit vor ihren Augen auf dem Asphalt zusammengebrochen. Später verweigerte er die Aufnahme von Nahrung und warf ihr Sätze an den Kopf wie: »Wenn dich die Krankheit holt, folge ich dir nach.« Dennoch beendete er die Beziehung, wollte Stunden später alles rückgängig machen und verhielt sich uneinsichtig und aggressiv, als sie auf dem Ende beharrte. Erneut sei es zu massiven Belästigungen und Druckversuchen gekommen, sagt Katharina Sevill. Schließlich informierte Roli ihren Ehemann über die Affäre. In seiner Einvernahme bestritt Roli viele dieser Vorwürfe und behauptete unter anderem, erst vom Partner der Frau von deren Krankheit erfahren zu haben.

Den eigentlichen Grund für die Strafanzeige, die ihn vorübergehend in Untersuchungshaft brachte, bestritt er allerdings nicht. Er hatte ein Bild seiner Exfreundin – in Unterwäsche auf einem Bett liegend – mit einer obszönen, persönlichkeitsverletzenden Behauptung untertitelt und diese Collage per E-Mail an verschiedene Adressaten, darunter die minderjährige Tochter von Katharina Sevill, verschickt.

Als »unschön« beschrieb Roli – wie immer uneinsichtig – seine aggressive Aktion später bei der polizeilichen Befragung durch die Kantonspolizei Luzern. Ehrverletzend könne man sie aber bestimmt nicht nennen, da der Inhalt der Wahrheit entspreche. Nach sechswöchiger Untersuchungshaft – und kurz bevor wir uns kennen lernten – wurde er im Oktober 2006 unter Auflagen in die Freiheit entlassen. Eine der Auflagen betraf den sofortigen Beginn einer Psychotherapie, die erneut durch Hartmut Schmid begleitet werden sollte. Über den Verlauf der Sitzungen musste der Therapeut dem Amtsstatthalteramt Luzern Bericht erstatten, und auch erneute Vorfälle mussten gemeldet werden.

Um Klärung zu schaffen, wie mit Roland A. weiter zu verfahren sei, gab das Amtsstatthalteramt Luzern bei der Luzerner Psychiatrie im September 2006 ein neues wissenschaftlich-forensisches Gutachten in Auftrag. Dabei ging es insbesondere um Fragen betreffend die Zurechnungsfähigkeit von Roli, die Rückfallgefahr sowie Indikationen für die Anordnung allfälliger Maßnahmen. Obwohl das Strafverfahren im Fall Katharina Sevill zu diesem Zeitpunkt noch nicht abgeschlossen war, frage ich mich, weshalb die Verantwortlichen aufgrund der neuen Erkenntnisse nicht sofort reagierten.

Das rund fünfunddreißigseitige Schreiben ging im Januar 2007 beim Amtsstatthalteramt Luzern ein, und die Befunde, Analysen und Schlussfolgerungen der unabhängigen Experten fielen mehrheitlich verheerend aus. Die früheren psychiatrischen Diagnosen – die den Mörder Roland A. unter anderem als therapierbar qualifizierten – wurden im neuen Gutachten erstmals ergänzt und revidiert.

In der Begutachtung von Roland A. im Jahr 2007 hielt der Oberarzt der Forensischen Psychiatrie Luzern fest: Die frühere Diagnose, wonach es sich um eine »emotional instabile Persönlichkeit und um einen impulsiven Typ« – handle, greife zu kurz. Die Analyse seiner gescheiterten Beziehungen zeige

Rolis Fantasien über ideale Liebe beziehungsweise sein Bedürfnis nach Verschmelzung mit einer idealisierten Partnerin zur Stützung des Selbstwertgefühls auf. Sein Mangel an Empathie und Einfühlungsvermögen zeige sich darin, dass er seinem Mordopfer immer noch unterstelle, es habe Sex gewollt.

Sein Bedürfnis nach unbedingter Kontrolle über seine Intimpartnerinnen, ein Verhalten, das diese schließlich nicht mehr tolerieren konnten, dürfte unter anderem in der Überzeugung begründet sein, andere trachteten nach seinem »Besitz«. Größenfantasien, Verschmelzungswünsche, um das eigene Selbst aufzuwerten, Anspruchshaltung, mangelnde Empathie und Furcht vor Kontrollverlust gelten als Leitmerkmale einer narzisstischen Persönlichkeitsstörung. Sein drohendes, aggressives Verhalten – bisher als Störung der Impulskontrolle beurteilt – wird durch den Forensischen Dienst der Luzerner Psychiatrie erstmals anders gedeutet. »Sie entspricht vielmehr dem, was man als kalte instrumentalisierte Gewalt bezeichnet, die grundsätzlich der Unfähigkeit, Frustration ertragen zu können, entspringt.« Und: »So zeigten sich auch beim früheren Tötungsdelikt keinesfalls Hinweise auf impulsives Verhalten.«

Zusammengefasst liege beim Angeschuldigten eine schwere Störung des Verhaltens und des Charakters vor, welche nicht auf eine Schädigung des Gehirns zurückzuführen sei. Eine grundlegende Änderung der Persönlichkeit sei durch eine Therapie nicht zu erwarten.

Der neue Bericht sollte auch eine allfällige Hafterstehungsfähigkeit abklären. So legte man das Augenmerk bei den Begutachtungen zuerst auf die physische Kondition des »Exploranden«. Roland A. leide an eingebildeten Schmerzen, damit in Zusammenhang stehe ein schädlicher Gebrauch von

Opiaten. Für den gegenwärtig exzessiven Gebrauch von Morphium fänden sich keinerlei medizinische Gründe.

Man empfahl erneut eine langfristige Reduktion der Opiattherapie, die offenbar eine Medikamentensucht verursacht hatte. Fortan erhielt Roli das Antidepressivum Amitriptylin. Die neuen Untersuchungsbefunde im Bereich »Psychostatus« ergaben, dass es sich bei Roland A. um eine bewusstseinsklare Persönlichkeit handle und er somit für sein Handeln verantwortlich sei. Auffällig sei sein Hang, Dinge zu verharmlosen. Die Schilderung seines Tötungsdeliktes wurden als »befremdend«, seine Unfähigkeit zur Eigenkritik als »beachtlich« qualifiziert. In diesem Zusammenhang bezeichne er sich noch immer als »Opfer«, das fälschlicherweise des Mordes angeklagt worden sei.

Ein Test (Hare Psychopathy Checklist-Revised) attestierte ihm im Bereich »Persönlichkeitszüge« überdurchschnittlich hohe negative Werte. Der Test legte nahe, dass Roland A. nur ganz »knapp noch kein Psychopath sei«. Ein durchschnittlicher Mann erzielt auf dieser Skala vier Punkte. Die Schwelle zur Psychopathie liegt bei dreißig Punkten. Roli erreichte vierundzwanzig Punkte. Entgegen seinen eigenen Darstellungen sei Roland A. nicht friedliebend, sondern greife, in die Enge getrieben, weiterhin zu Drohungen und Einschüchterungen, beispielsweise in Form von Stalking.

Erneut erwähnenswert erschien der Umstand, es könne keinen Zweifel darüber geben, dass er über ein gewinnendes Wesen verfüge: Es sei ihm immer wieder gelungen, Bekanntschaften zu knüpfen und intime Beziehungen einzugehen, die aber zum Teil »unter dramatischen Umständen scheiterten«.

Die diagnostizierte (somatoforme) Schmerzstörung spiele in diesem Zusammenhang keine Rolle, sei aber für die weiteren Prognosen von großer Wichtigkeit. Es sei versicherungstechnisch eine bekannte Tatsache, dass Menschen wie Roland A. für die Arbeit nicht befriedigend rehabilitiert werden könnten. Man müsse davon ausgehen, dass er früher oder später in die Fürsorgeabhängigkeit gerate, was die Frage nach einer Rente nach sich ziehen werde. Es sei schon heute absehbar, dass sich diese Frage nicht unbedingt zu seiner Zufriedenheit klären lasse. Auseinandersetzungen mit den Sozialversicherungsfunktionären seien daher zu erwarten.

Die Experten vermuteten, dass er aufgrund seiner Frustrationsintoleranz und seiner Kritikschwäche immer wieder Schwierigkeiten zeigen werde, mit problematischen Situationen angemessen umzugehen. Diesbezüglich sei er nach wie vor therapiebedürftig, und deshalb solle er auch weiterhin von der Justiz überwacht werden. Das neue Gutachten wies ausdrücklich darauf hin: »Diese Empfehlungen beziehen sich vor allem auch auf künftige zu erwartende Konflikte mit einer neuen ›idealen‹ Partnerin.«

Anfang 2007 kamen die Experten also zum Schluss, dass eine Rückfallgefahr bestehe, dabei seien verbale Drohungen, aber auch massivere Gewaltdelikte, beispielsweise gegen Intimpartnerinnen sowie gegen Ämter und Behörden, zu erwarten. Der begutachtende Psychiater empfahl, eine Psychotherapie als ambulante Maßnahme anzuordnen. Eine grundsätzliche Änderung der Persönlichkeit werde dadurch nicht erfolgen, so seine Prognose. Es gehe darum, eine Art Coaching in Krisensituationen zu bieten. Ebenfalls bestehe die Hoffnung, dass ein Therapeut allfällige Gefahren für eine neue Intimpartnerin erkenne und entsprechend handeln werde, hielt der Psychiater schriftlich fest. Gegen den gleichzeitigen Vollzug einer therapeutischen Maßnahme und einer Freiheitsstrafe sei überdies nichts einzuwenden. Ebenfalls wurde darauf hingewiesen, dass bei narzisstisch und impulsiv gestörten Menschen grundsätzlich von einer erhöhten Suizidalität auszugehen sei.

Dieses Gutachten, es datiert vom 10. Januar 2007, erreichte das Luzerner Amtsstatthalteramt einige Tage später. Es verstrichen neun Monate, in denen die zuständigen Stellen den Therapieverlauf offenbar nicht genügend kontrollierten. Da der damalige Gutachter zum Schluss kam, dass Katharina Sevill nicht mehr akut gefährdet sei, sah das Amtsstatthalteramt offenbar keinen Grund, eine U-Haft anzuordnen, und auch von einem fürsorgerischen Freiheitsentzug sah man ab.

Später ist es für die Umsetzung der angeregten Maßnahmen zu spät, und die laufenden Verfahren werden nach Roland A.s Selbsttötung eingestellt.

Offene Fragen

Ich bin keine Richterin und auch keine Psychiaterin. Ich bin mir im Klaren darüber, dass bei der Beurteilung, ob man einem Menschen die Freiheit – unter Umständen auch dauerhaft – nehmen will, genaue Abklärungen erforderlich sind. Dabei spielen Kriterien und Überlegungen eine Rolle, von denen ein Laie nichts weiß oder die er nicht immer nachvollziehen kann. Auch bei der Frage, ob ein Täter rückfällig werden könnte, handle es sich um eine komplexe Abklärung, sagen die Experten.

Anfänglich dachte ich, dass ein Mensch, der einem anderen keine Chance lässt, sein Leben verwirkt hat. In der Zwischenzeit habe ich erkannt, dass ein zivilisiertes Rechtssystem keine Todesstrafen aussprechen sollte. Eine Tat und die Art der

Strafe müssen in Zusammenhang mit den sozialen, geistigen und psychologischen Voraussetzungen des Täters beurteilt werden, und nach der Verbüßung seiner Haftstrafe sollte ihm grundsätzlich eine Möglichkeit auf einen Neuanfang eingeräumt werden. Aber nicht um jeden Preis.

Dabei denke ich mit dem normalen Menschenverstand, der nicht zwangsläufig in die Polemik führen muss: Im Fall von Roli A. sehe ich einen Menschen, der aus dem Nichts heraus eine unschuldige Frau vergewaltigte und brutal ermordete. Ich sehe einen verurteilten Mörder, der alle Gelegenheiten, sich zu verändern, mutwillig vorübergehen ließ. Der nach seiner vorzeitigen Entlassung erneut auffällig und in seinem Verhalten immer extremer wurde. Wieso wurde sein Fehlverhalten mit unzähligen und immer neuen Chancen belohnt? Wieso reagierte keine Instanz, als er sich über Jahre hinweg therapieunwillig zeigte, und weshalb wurde nicht kontrolliert, wie die neu anlaufende Therapie verlief? Ist es nicht offensichtlich, dass ein solcher Mensch unverbesserlich bleibt, wie auch das letzte psychiatrisch-forensische Gutachten andeutete? Wieso blieb Roland A. in Freiheit, obwohl er in jüngster Vergangenheit erneut mit dem Gesetz in Konflikt geraten war und damit gegen die Haftentlassungsauflagen verstoßen hatte? Wieso wird man von Ärzten und der Polizei nicht informiert, wenn man sich, bei begründetem Verdacht, Klarheit über eine nachweislich auffällige Person verschaffen möchte?

Und: Wie viele Roland A.s mag es im Alltag geben? Sitzt einer in der S-Bahn neben mir? Oder ist der nette Nachbar vom zweiten Stock ein unverbesserlicher Gewaltverbrecher? Das wäre durchaus möglich, denn die als extrem gefährlich beurteilten Täter vom Schlage eines Erich Hauert oder Werner Ferrari bilden offenbar nur die Spitze des Eisberges: Tausende von sogenannt normalen Gewalt- und Sexualtätern gelangen nach wenigen Jahren auf freien Fuß, in vielen Fällen wird keine Risikoanalyse gemacht, und auf fehlgeschlagene oder nicht vollzogene Therapien kann nicht reagiert werden.

Aus den Schweizer Statistiken geht hervor, dass im Jahr 2009 eintausenddreihundertvierundvierzig Personen Opfer von schwerer Gewalt (darunter Vergewaltigung und Geiselnahme) wurden. Siebenhundertdreiundachtzig Menschen wurden Opfer von Tötungsdelikten und versuchten Tötungen. Im Jahr 2008 starben in der Schweiz dreißig Menschen durch die Hand von gewalttätigen Tätern, die in den zehn Jahren zuvor bereits straffällig geworden waren, und eine Statistik aus dem Jahr 2003 zeigt, dass in einem Zeitrahmen von drei Jahren zweitausendsechshundertdreiundachtzig Personen im Bereich »Gewaltdelikte« rückfällig wurden (vorsätzliche Tötung, Mord, Totschlag, schwere Körperverletzung).

Die meisten Opfer bleiben ohne Namen, sie werden in den Statistiken vergraben, nach Art der Übergriffe erfasst: erstochen, erwürgt, erschlagen, erschossen, schwer verletzt. Werden sie als Kollateralschaden einer Rechtsprechung betrachtet, die ihre Täter wohlwollend analysiert, in vielen Fällen nicht allzu hart bestraft und sehr darauf bedacht ist, dass ihnen kein Unrecht geschieht? Andere Opfer werden dank den Verdiensten ihrer Angehörigen nicht vergessen und erhalten posthum eine Stimme. Zum Beispiel die Zürcher Pfadiführerin Pasquale Brumann: Sie wurde im Jahr 1993 von einem auf Hafturlaub befindlichen Mehrfachmörder und Serienvergewaltiger ermordet. Sie wäre heute in meinem Alter. Die Eltern der damals Zwanzigjährigen ließen in den folgenden Jahren nichts unversucht, und gemeinsam mit anderen Betroffenen erkämpften sie in Zürich Strafverschärfungen und verklagten Justiz und Kanton wegen Beihilfe zum Mord.

Auch Anita Chaaban wehrte sich: für ihr Patenkind, das im

Jahr 1996 im schweizerischen St. Gallen von einem Rückfalltäter vergewaltigt und beinahe getötet wurde.

Anita Chaaban war federführend bei der Lancierung der schweizerischen Verwahrungsinitiative, die im Jahr 2004 durch den Souverän angenommen wurde, in der Umsetzung allerdings auf sich warten lässt. Das neue und umstrittene Gesetz – es ermöglicht eine lebenslange Verwahrung für »nicht therapierbare, extrem gefährliche Sexual- und Gewaltstraftäter« – wurde im Frühling 2006 vom Parlament verabschiedet und trat 2007 in Kraft.

Aber im Jahr 2008 wurde kein Täter zu einer lebenslangen Verwahrung verurteilt, und eine Verwahrung auf unbestimmte Zeit wurde lediglich gegen zwei Täter ausgesprochen, während es in den Jahren zuvor durchschnittlich zwanzig gewesen waren.

Im Bereich der verwahrten Gewohnheitsverbrecher reduzierte sich die Anzahl innerhalb von vierzehn Jahren um die Hälfte (Stand: 2006). Eine unveröffentlichte Statistik der Strafverfolgungsbehörden zeigt zudem: Die Zahl der Verwahrungen in der Schweiz hat sich innert drei Jahren beinahe halbiert. Ende 2006, vor Inkrafttreten des neuen Rechts, waren rund zweihundertachtzig gemeingefährliche Gewalt- und Sexualstraftäter verwahrt. Am 31. August 2009 waren es nur noch hundertdreißig Personen. Bei hundertzehn Personen war die Verwahrung in eine stationäre therapeutische Maßnahme umgewandelt worden. In vierzig Fällen war die Überprüfung hängig.

Das neue Recht setzt noch mehr als das alte auf die Therapierbarkeit und Therapierung von Tätern und Schwerstverbrechern, sagen manche Experten. Eine stationäre Therapie stelle kein Sicherheitsrisiko dar, da sie ebenfalls hinter Gittern stattfinde, monieren die Befürworter dieser Strategie. Die so

Verurteilten werden zwischendurch jedoch neu begutachtet, und je nach Behandlungsfortschritten kann die zeitlich bedingte Maßnahme umgewandelt oder aufgehoben werden. Die Initiative bewirkt in der Umsetzung das Gegenteil dessen, was das Stimmvolk bei der Abstimmung zum Ausdruck gebracht hat: dass extrem gefährliche Täter für unbestimmte Zeit hinter Gitter gehören.

Die Diskussion werde durch persönliche Erlebnisberichte von Opfern angeheizt, klagten hingegen die Gegner der Verwahrung. Der Volkszorn sei undifferenziert und dumm. Nicht jedes Risiko sei hundert Prozent abschätzbar, die Gefährlichkeit eines Menschen nichts Messbares und nichts Absolutes. Der Täter gehöre in Freiheit, sobald er seine Strafe verbüßt habe. Bei der präventiven Gefangennahme eines Menschen handle es sich um eine rechtsstaatliche Gratwanderung.

Für die Überlebenden von extremen Gewalttaten, aber auch für die Angehörigen von getöteten oder schwer verletzten Menschen klingen solche Sätze eigenartig. Jene, die traumatisiert überlebten, wollen oder können nicht reden, manche bleiben für immer geschädigt. Auch aus diesem Grund erzähle ich in diesem Buch meine Geschichte. Damit man die Details, die Hintergründe einer solchen Tat kennen lernt. Damit der schwierige Weg ins Leben zurück vielleicht nachvollziehbar wird und man etwas über die Konsequenzen erfährt, mit denen die Betroffenen fortan leben müssen.

Vielleicht kann meine Geschichte ein ähnliches Gewaltverbrechen verhindern? Auch diese Hoffnung verleiht meiner heutigen Existenz und meinem Überleben einen Sinn.

Fehlstart

Nach dem Krankenhausaufenthalt werde ich in eine Reha-Klinik im Kanton Wallis verlegt. Zuvor will ich meine Wohnung aufsuchen, auch um die Spuren der Nacht zu beseitigen. Mein älterer Bruder, mein Zwillingsbruder, seine Ehefrau und deren Schwägerin begleiten mich.

Seit jener schrecklichen Nacht ist viel Zeit verstrichen. Tausendmal lief ich – im Krankenbett liegend – in Gedanken durch die Tiefgarage ins Treppenhaus, stieß die Glastür auf, sprintete die Treppen zum dritten Stock hoch. Jetzt bewege ich mich in Zeitlupentempo vorwärts, und bereits auf dem Parkplatz bin ich außer Atem. Im Laubengang deuten die Markierungen der Spurensicherung auf die Geschehnisse des 19. Septembers hin. Die chaotischen Spuren des Verbrechens wurden durch die Beamten der Spurensicherung in eine rätselhafte Ordnung gebracht, und auch beinahe unsichtbare Details sind mit Farbe gekennzeichnet. Inmitten der seltsamen Orakel erblicke ich plötzlich Rolis verwischten Schuhabdruck an der Außenwand des Badezimmerfensters.

Das Blut gefriert mir in den Adern. Eine imaginäre Wand hindert mich zuerst am Betreten meiner Wohnung, und die nächsten Stunden liege ich erschöpft und schweigsam auf der Corbusierliege im Wohnzimmer. Ich blicke auf die umliegenden Bergspitzen. Alles ist gleich, und doch ist alles anders.

Meinen Brüdern und Schwägerinnen bin ich dankbar, dass sie die nötigen Verrichtungen vornehmen, die wir zuvor besprochen haben. So wird mein Zuhause von den äußeren Spuren der Nacht befreit. Zu viert reinigen sie und schaffen Ordnung, wo zerstört und beschädigt wurde. Dann eliminieren sie die optischen Erinnerungen an Roli: Sie hängen Bilder und Fotografien ab, räumen seine Geschenke weg, darunter ein rotes Keramikherz und eine Plastikmaus, die ein Schild mit dem Satz »I Love You« in die Luft hält.

Ich denke nichts, spüre nichts und kann nicht reden. Aber ich will bei diesen Tätigkeiten anwesend sein, es ist meine Art, die Nacht aktiv anzugehen. Ich werde nicht umziehen. Durch räumliche Flucht kann man dem Schicksal nicht entrinnen, das weiß ich, seit ich ein Kind bin.

Monate später werde ich mein Zuhause jedoch erneut reinigen: Böden, Wände, Möbel, Armaturen, Fenster. Ich räume jeden Kasten und jede Schublade aus, desinfiziere Ablageflächen, Rillen und bearbeite noch so winzige Einbuchtungen oder Absätze in wochenlanger Arbeit mit scharfen und hochwirksamen Putzmitteln. Ich schrubbe Roli – oder zumindest seine DNA-Spuren – aus meiner Existenz. Alles, was mit ihm in Berührung gekommen ist, entsorge ich im Laufe der Zeit: Bettwäsche, Frotteetücher, den flauschigen Teppich, die Duvets. Die Tasse, aus der er immer getrunken hat, verschwindet bereits heute im Müll, später werfe ich das komplette Geschirrservice, das Besteck, alle Gläser, Pfannen, Schüsseln und meine Lieblingsvase weg. Wenn ich könnte, würde ich mich ebenfalls entsorgen. Und durch etwas Neues, Unbeflecktes ersetzen.

Die Nacht vor meiner Abreise in die Reha-Klinik verbringe ich erneut im Krankenhaus. Am nächsten Morgen bringt mich ein Taxiservice ins Wallis. Zum ersten Mal verlasse ich mein geschütztes Umfeld allein. Die Reise ist ein Höllentrip. Die Außenwelt läuft wie ein Film im Schnelltempo und mit wirrem Inhalt an mir vorbei. Um die grellen Farben zu vermeiden, klappe ich auf halbem Weg die große Sonnenbrille über mein Gesicht.

Drei Stunden später empfängt mich der Kurort als Märchenlandschaft in eisiger Stille. Weiß gekleidete Pfleger huschen durch die Eingangshalle der Höhenklinik. An der Réception werden meine Personalien aufgenommen, dann werde ich über die wichtigsten Details informiert. Man fragt mich, ob ich einen Sitzplatz im Speisesaal wünsche, der weitab von den übrigen Patienten liegt. Ich verneine, weil ich mich integrieren und dazugehören möchte. Diese Klinik samt Umschwung hat mit meinem Alltag wenig zu tun, und aus diesem Grund fühle ich mich hier sicher.

Der Aufenthalt, so habe ich entschieden, soll vor allem meine körperliche Kondition verbessern. Nach Abschluss der Reha will ich genau so sein wie zuvor. Mein größter Wunsch ist es, mein Leben wieder aufzunehmen, schnellstmöglich in die Normalität zurückzukehren, um alles vergessen zu können, was an die schlimmen Geschehnisse erinnert. Die eigenartigen Reaktionen und Panikattacken aufgrund von gewissen Geräuschen und Gerüchen, die fürchterlichen Bilder, die mich in den folgenden Monaten zu jeder Tages- und Nachtzeit einholen, kann ich nicht deuten. Ich hasse diese Visionen und hoffe, dass sie irgendwann verschwinden werden.

Die Zeit vergeht wie im Flug. Ich werde, wie es im Fachjargon heißt, »körperlich rekonditioniert« und absolviere täglich mehrere Therapien. Ich muss wieder lernen, richtig zu atmen, meine Lungenkapazitäten verbessern. Beim Gehen und beim Verrichten von ganz alltäglichen Dingen fehlt es mir an Kraft. Gegen die starken Schmerzen schlucke ich jeden Tag mehr als zwanzig Pillen.

Der Ehrgeiz und die Aussicht auf völlige Genesung treiben mich weiter, und innerhalb von wenigen Wochen sind die ersten Erfolge da. Meine täglichen Spaziergänge in vollkommener Stille werden ausgedehnter. Wenn ich in die Landschaft blicke, glitzern zehntausend Eiskristalle in der Sonne. Der Schnee knirscht unter meinen Füßen. Er schmilzt in meinen Händen, wenn ich einen Ball forme, den ich in eine Tanne schleudere, die sich in ein rieselndes Wolkengebilde verwandelt: geschenkte Momente.

Ich empfinde sie anders als vor meiner Vernichtung. Intensiver, vor allem aber sind sie von einer dunklen Seelenströmung begleitet, die ich bisher nicht kannte und mir nicht erklären kann. Ich bin oft allein, und obwohl ich an einer Gesprächstherapie teilnehme, die mir auf dem persönlichen Weg helfen soll, scheue ich mich, mit den anderen Patienten in nahen Kontakt zu treten. Ich weiß nicht, was ich ihnen erzählen soll, wenn sie mich fragen, was mit mir los ist. Was mich an mir stört und beunruhigt, ist, dass es mit meinem Mitgefühl neuerdings zu hapern scheint. Die Probleme der anderen, die ich bisher immer ernst nahm, erscheinen mir plötzlich nichtig. Obwohl ich weiß, dass dies ungerecht ist, kann ich nichts dagegen unternehmen. So bleibe ich für mich und verfasse in der knappen freien Zeit Einträge in mein Tagebuch.

Wenn man mich fragt, wie es mir seelisch geht, antworte ich: »Danke, und wie geht es Ihnen?« Wenn ich nach dem anstrengenden Tagesprogramm ins Bett falle, bin ich derart müde, dass ich bald tief schlafe. Aber Albträume plagen mich, und trotz eines dicht verplanten Terminkalenders bleibt genügend Zeit, um über Roli und die fatalen Geschehnisse nachzudenken. Aber ich scheine das Martyrium besser als gedacht zu verarbeiten. Ich folge hartnäckig meinem Motto – in einem gesunden Körper lebt auch eine gesunde Seele –, und dieser Zusammenhang scheint doch seine Richtigkeit zu haben.

Das Schlimmste, so glaube ich zu diesem Zeitpunkt, sei überstanden gewesen, als ich auf der Intensivstation aufwachte. In Wirklichkeit stand ich damals am Anfang einer

Überlebensgeschichte, die von einer Rückkehr ins Leben erzählen wird, die viel länger dauert als das Verheilen der äußerlichen Wunden und das Wiedererlangen der physischen Kräfte.

Fremder Stern

Nach fast zwei Monaten Reha kehre ich in meine Realität, in mein altes Leben zurück. Die erste Nacht allein in meinen eigenen vier Wänden zu verbringen, erschien mir im Wallis als ein Ziel, auf das hinzuarbeiten sich lohnte. Obwohl ich mir die Situation in den vergangenen Tagen vergegenwärtigte, mir Mut zusprach und mir Verhaltensanweisungen erteilte, fürchte ich mich jetzt vor meiner Entscheidung.

Ich trete in die aufgeräumte und blitzsaubere Wohnung. Was ich einst liebte, kommt mir beinahe feindselig vor. Ich rolle den Koffer unausgepackt in eine Ecke. Später liege ich in der Dunkelheit wach. Schemenhaft zeichnen sich einzelne Möbelstücke und Gegenstände ab. Die aggressive Atmosphäre des Raumes ist förmlich spürbar. An der Decke tanzen nervöse Lichtreflexe, die ich bisher nie bemerkt hatte.

Immer wieder überfällt mich das Gefühl, Roli sei anwesend. Nicht als Mensch aus Fleisch und Blut, sondern als unangenehmes Energiefeld, das plötzlich auf meinem Kopfkissen sitzt, im Türrahmen steht, durchs Wohnzimmer schleicht. Schlafen kann ich nicht, und wenn ich die Augen geschlossen halte, erscheinen aus dem Nichts schreckliche Momentaufnahmen jener Nacht. Als handle es sich um fotografische Stillleben oder winzige Filmausschnitte. Aber anders als in der Klinik, als ich in diesen schattenartigen Geschehnissen selbst agierte, betrachte ich sie jetzt von außen und sehe meinem Todeskampf sekundenlang zu, es sind glasklare Bilder, die – wie ausgeknipst – auch plötzlich wieder verschwinden. Es ist ekelhaft, und je mehr ich mich dagegen wehre, desto aufdringlicher verfolgen mich die Visionen. Solche Störungen sind nicht vorgesehen, und ich kann sie weder interpretieren noch einordnen.

Der Austrittsbericht des Krankenhauses hielt fest, dass seelisch alles in Ordnung sei und für weitere Gespräche keine Gründe vorlägen. Eine Einschätzung, die auf der zehnminütigen Begegnung mit zwei Experten beruhte, die mich im Krankenhaus besucht hatten – aber immerhin. Im Wallis sprachen die Ärzte zwar von einer Belastungsstörung, aber die Priorität lag klar auf der Wiederherstellung meiner körperlichen Gesundheit, und im Abschlussbericht stand zu meiner Freude: »Wir entlassen Frau Dill am 19. November 2007 in physisch gutem und psychisch stabilem Zustand nach Hause.«

Anfänglich versuche ich einfach, mein normales Leben wieder aufzunehmen, aber die optische und akustische Reizüberflutung führt zu einer Überforderung, die mich innerhalb von wenigen Wochen an den Rand einer großen Krise bringen wird. Ein Mensch, ein Auto, ein Parfüm: Hundert Sensoren nehmen Witterung auf, um die verwirrende Informationsflut ungefiltert an die defekten Schaltstellen der Urteilskraft weiterzuleiten. Dort herrscht im Chaos komplette Ratlosigkeit. Was einst richtig schien, erweist sich als falsch, und bald befinde ich mich in einem permanenten Alarmzustand. Auf mein einstiges Urteilsvermögen kann ich mich im Großen wie im Kleinen nicht mehr verlassen, und die Unfähigkeit, Menschen und Situationen einzuschätzen, nährt die Ungewissheit in vielen Situationen.

Hocherfreut über den Verlauf der Dinge ist die Angst. Sie breitet sich facettenreich, listig und böse in meiner Existenz aus. Angst, die lähmt. Angst, die verhindert. Angst, die Mut, Kraft und Freude zerstört. Ich entwickle verschiedene Phobien, insbesondere der Aufenthalt in geschlossenen Räumen und auch die Dunkelheit machen mich krank. So sind alltägliche Verrichtungen und Begegnungen, die ein normales Leben mühelos bewältigt, mit übergroßen Anstrengungen verbunden.

Gleichzeitig leide ich unter extremen Schmerzen im Brustkorb. Das Gehen und Atmen fällt mir erneut sehr schwer. Übermäßige Müdigkeit, gefolgt von regelrechten Erschöpfungszuständen, begleitet auch jene Aktivitäten, die ich früher mit links erledigte: Essen, Duschen, Einkaufen, Kochen. Die meiste Zeit verbringe ich nun in meiner Wohnung. Obwohl die Dämonen auch hier aktiv sind, fühle ich mich in dieser halbwegs geregelten und überschaubaren Welt sicherer als draußen.

Aber mein Aktionsradius wird im Verlauf der Wochen immer kleiner, und anstatt mein Überleben zu feiern, getraue ich mich nicht einmal mehr in die Waschküche im Kellergeschoss. Ich ahne, dass die Hoffnung auf einen unkomplizierten Neuanfang sich nicht erfüllen wird. Alle Arbeit, die ich im Wallis geleistet habe, scheint umsonst gewesen zu sein, das zeigen auch die kommenden Monate, und bald muss ich mich fragen: Was nützt eine gute Kondition, wenn es an psychischer Kraft fehlt, um das Leben erneut anzugehen?

Am liebsten möchte ich mich komplett verkriechen, aber ich zwinge mich zum Besuch der Physiotherapie und muss dazu das Haus verlassen. Die Kontakte mit der Außenwelt sind mir eine Last und werden bald unmöglich. Anders als gedacht, tritt mit der Zeit keine Besserung ein, sondern das Gegenteil ist der Fall. Menschenmengen werden zu einem unüberwindbaren

Hindernis, und einzelne Personen versetzen mich in Panik. Die Intuition, eine meiner früheren Stärken beim Sondieren eines fremden Gegenübers, hat sich in Luft aufgelöst.

In allem lauert Roli. Sehe ich auf der Straße von weitem einen Mann, der nur annähernd seine Statur aufweist, verstecke ich mich reflexartig. Fährt ein Auto vorbei, das die gleiche seltene Farbe hat wie sein Wagen, packt mich Entsetzen. Rieche ich irgendwo sein Eau de Toilette, ist er wieder da: in seiner Macht, in seiner Grausamkeit, in seiner Brutalität, und noch Stunden später bin ich unansprechbar. Die Vorstellung, dass sich mir jemals wieder ein Mann nähern könnte, ängstigt mich wahnsinnig.

Aber auch die Begegnungen mit meinen Freunden und meiner Familie, die mir in diesen schweren Monaten eine geduldige Stütze sind, empfinde ich als anstrengend. Gewisse Personen scheinen eine andere Sprache zu sprechen, gewichten die Dinge anders, nehmen sie anders wahr. Wir sind uns fremd, und Begrüßungsküssen versuche ich auszuweichen. Wer mir die Hand schütteln möchte, wird zurückgewiesen. Sobald sich mir jemand auf einen Abstand von weniger als dreißig Zentimeter nähert, erstarre ich förmlich zu Eis.

Aber Menschen gehören zum Leben, insbesondere in der Stadt lassen sie sich nicht wegzaubern, und diese Einsicht lässt den Wunsch aufkommen wegzuziehen, in die Einsamkeit zu gehen, eine Einsiedlerexistenz zu führen. Mein einstiges Dasein, das ich geliebt habe, scheint mir zusammen mit jenen Menschen, die mir wichtig waren, abhandenzukommen.

Ich schäme mich für meine Schwäche und versuche, die Dinge zu erzwingen. Man muss an seine Grenzen gehen, um diese zu überwinden. Das Leben ist kein Zuckerschlecken. Aber was einst tadellos funktionierte – die Umsetzung meiner Kalendersprüche –, will nicht mehr gehen. Mein Inneres sabotiert mich, und was ich früher als stark und mutig kannte, beginne ich zu verabscheuen: mich selbst. Mein Selbstverständnis basierte auf zusammengezimmerten Wertvorstellungen und Überzeugungen. Nichts Großartiges, aber trotzdem schienen sie mir verbindlich. Recht und Unrecht. Fleiß und Disziplin. Respekt und Anstand. Vor allem die Hoffnung, man bleibe vor allzu gewaltigen Schicksalsschlägen verschont, machte das Leben abenteuerlich und verheißungsvoll.

Das Verbrechen brachte alles durcheinander und fegte die Leichtigkeit weg. Das Vertrauen und auch mein Talent, das Unschöne und Quälende zu verdrängen, um es später in etwas Positives zu verwandeln, verlor ich im Abgasnebel der Garage, im stickigen Innern des Kofferraumes, in den elf Stunden, als ich meinem Mörder ausgeliefert war. Die Sinnfrage quält mich, und bald sehe ich mich als Menschen, von dem nicht viel übrig blieb und der nicht weiß, was Neues aus ihm werden könnte. Ich bin erneut gefesselt, geknebelt, gefangen. Sehe das Wichtige nicht, höre das Wesentliche nicht, spüre das Gute nicht mehr.

Bevor ich begreife, was mit mir los ist, gerate ich an einen Tiefpunkt und in eine schwere Krise. Wie schwarze Perlen auf einer Schnur fädeln sich die Einschränkungen und Erinnerungen in den vergangenen Wochen aneinander. Jetzt sitze ich wieder einmal allein zu Hause und schaffe es nicht einmal, meine Post zu öffnen. Dieser Anlass ist banal, aber in diesem Moment bedauere ich mein Überleben. In einem Anfall von Selbstmitleid scheint mir meine Wiedergeburt ebenso sinnlos wie qualvoll zu sein.

Entkoppelt

Vor einer großen Dummheit bewahre ich mich selbst. Wie damals im Kofferraum, als die tiefe Verzweiflung den Wendepunkt brachte, macht sich auch jetzt der Widerstand bemerkbar: ungeordnet, rätselhaft, keinem Plan folgend. Und etwas weiß ich mit plötzlicher Klarheit: Um nichts in der Welt will ich, dass Rolis letzter Wille – meine physische und psychische Vernichtung – in Erfüllung geht. Aber auch aus Rücksicht auf meine Freunde und meine Familie entscheide ich mich für das Leben und treffe einige Entscheidungen.

Ich besuche eine psychotherapeutische Beratung, deren Schwerpunkt auf Krisenbewältigung liegt. Die Diagnose »posttraumatische Belastungsstörung« taucht nun mit Nachdruck auf. Mir gefällt diese Beschreibung meines Zustands nicht. Sie klingt nach gestörtem Verhalten und lang dauernder Therapie. Was ein Trauma ist, weiß ich nicht genau. Man klärt mich auf, und den vertieften Rest entnehme ich der Fachliteratur: Ein Trauma wird durch unterschiedliche Gewalterfahrungen hervorgerufen, zu denen unter anderem Unfälle, Folter, sexuelle Übergriffe, Gefangenschaft und Kriegserlebnisse zählen. Nebst seelischen Störungen, dem Wiedererleben des Schrecklichen und Angstzuständen kann es in extremen Fällen sogar zu kognitiv-neurologischen Veränderungen kommen. Diese zu erkennen und zu behandeln, ist besonders schwierig, da die betroffenen Hirnregionen hartnäckigen Widerstand leisten, wenn sie das im Schock angenommene Verhalten verlernen sollen.

Opfer, aber auch die Zeugen schrecklicher Geschehnisse verdrängen das Erlebte und das Gesehene oft in das Unterbewusstsein. Manche verarbeiten das Unglück allein. Auch sie sind entsetzt, verstört, unglücklich und zeigen unter Umständen vorübergehende Stressreaktionen. Jene, die als »resilient« bezeichnet werden, schaffen es aber aus eigener Kraft, im Alltag relativ unbeeinträchtigt weiterzufunktionieren, wieder andere müssen sich nicht einmal im Detail mit den verstörenden Erlebnissen beschäftigen, um später über sich hinauszuwachsen.

Schade, dass ich nicht zu dieser Gruppe gehören kann, obwohl ich meine seelische Schwimmfähigkeit im Verlauf der schrecklichen Nacht doch unter Beweis gestellt hatte. Die »seelische Schwimmfähigkeit« bestehe – so sagen die Experten – im Vertrauen, mit den Anforderungen des Lebens umgehen zu können, und dieses basiere auf dem Vermögen, das Schreckliche unterbewusst als »verständlich, kontrollierbar und sinnhaft« zu begreifen. Wieso die unkomplizierte Nachbearbeitung von Horrorerlebnissen bei den einen funktioniert und bei anderen nicht, ist Gegenstand aktueller Forschungsarbeiten.

Grundsätzlich geht man davon aus, dass jene Opfer, die formulieren können, was geschehen ist, bessere Chancen haben, um den Angriff auf die Persönlichkeit zu verarbeiten. Wer Furchtbares erlebt hat und darüber spricht, tut dies oft bruchstückhaft und widersprüchlich, was die Aussagen tendenziell, jedoch ungerechtfertigterweise in ihrer Glaubwürdigkeit mindert. Auch aus diesem Grund – weil dem Schrecklichen mit Worten so schwer beizukommen ist – schweigen viele. Dieses Stillschweigen kann negative Folgen haben, weil im Verlauf des Rückzugs manchmal wichtige Verbindungen gekappt werden: die Verbindung zwischen öffentlicher und privater Existenz, zwischen Individuum und Gesellschaft, zwischen Mann und Frau. Und genau so fühle ich mich zurzeit: entkoppelt von dieser Welt.

Etwas Entsetzliches kontrollierbar machen zu wollen, klingt paradox. Doch auch diesem Bedürfnis entspricht dieses Buch. Schlimme Dinge lassen sich nicht ausradieren. Man muss sich mit den Konsequenzen auseinandersetzen, will man sie überwinden. Die Zeit heilt nicht alle Wunden. Meine Wiedergeburt ist schließlich das Ergebnis von schmerzhaften Einsichten sowie daraus abgeleiteten Überlebensstrategien.

Im Verlauf dieses Prozesses muss ich mich ausführlich mit mir selbst beschäftigen, und manchmal wird es mir beinahe zu viel. Meine Vergangenheit. Mein Verhalten in der Nacht. Meine Gefühle. Meine Reaktionen. Die ganze Konzentration richtet sich auf meine Person. Die Ich-Fixiertheit geht mir gelegentlich auf die Nerven, und am Anfang empfand ich sie als unnötige Tortur, die mir Roli über seinen Tod hinaus auferlegt hat. Eine andere Wahl habe ich allerdings nicht, weil aus dem langfristigen Überleben sonst nichts wird.

Traumatisierte Menschen können zudem nicht nur für sich selbst, sondern auch für ihre Umwelt einen Risikofaktor bedeuten. Durch meine Hand wird nie jemandem Schaden zugefügt werden. Die Eigenverantwortung zwingt mich, meine Probleme anzugehen. Nur weil mir Schlechtes widerfahren ist, ist dies kein Grund, andere zu schädigen, und sei es nur mit dem Unvermögen, Empathie und Sympathie zu empfinden. Ich bin anders als Roli, und auch dieses Wissen treibt mich weiter.

Als ich zu erzählen begann, ordnete sich mit der Zeit vieles, und anderes erschien in neuem Licht. Mit der teilweise akribischen Wiedergabe des Erlebten ist keine Katharsis verbunden, die automatisch vom Schicksal befreien würde. So einfach geht es – leider – nicht. Aber die einzelnen Kapitel dieser Niederschrift sind auch mit einem Neuanfang verbunden.

Nach meiner ersten Rückkehr nach Hause verfiel ich in einem apathischen Zustand, unfähig einzuordnen, was geschehen war, unfähig, Klarheit zu schaffen, zu verarbeiten, und, einmal mehr, unfähig zu agieren. Die folgenden Monate waren wie ein Sturm, der alles niederriss und mich mit Fragen überflutete, auf die es keine Antworten zu geben schien. Erst viel später machten die Erinnerungen und das Trauern die Vorbereitung auf ein neues Leben möglich, das diesen Namen wirklich verdient.

Einer der ersten Schritte auf dem Weg zur Genesung ist mit einer unangenehmen Erkenntnis verbunden: Die Geschehnisse des 19. und 20. Septembers 2007 machten ein Opfer aus mir. Ein schreckliches, ein hassenswertes Wort. Noch immer fällt es mir schwer, diesen Begriff anzuwenden. Mit meinem früheren Selbstbild hat er nichts zu tun. Damals war ich ein Mensch, der sein Schicksal in die Hand nahm, ankämpfte gegen das, was nicht gut war, nötige Veränderungen anstrebte und auch durchführte.

Niemand will Opfer sein. Das widerspricht unserer kulturellen Auffassung, wonach wir selbstbestimmt handeln und für unser Glück und unser Unglück selbst verantwortlich sind. Gesellschaftlich betrachtet, ist das Opfer mit einem Stigma behaftet. Als ich gesund war, signalisierte der Begriff für mich Passivität und Selbstmitleid. Heute verbinde ich ein solches Bekenntnis – zwangsläufig – eher mit Mut. Das Eingeständnis, wehrlos gewesen zu sein, kostet Überwindung: auch, weil man gleichzeitig zu einem Ausnahmefall wird. Man akzeptiert, dass man seinem gewohnten Umfeld – zumindest vorübergehend – nicht mehr angehören kann. Opfer sprechen eine andere Sprache als unversehrte Menschen. Wenn ich einem Nichtopfer von meinen Erlebnissen erzähle, versteht es nicht immer, was ich sagen will. Manche können nicht glauben, was ich ihnen in abgeschwächter Form schildere. Ich bin nicht verkrüppelt. Mein Gesicht ist keine Fratze. Mein Äußeres korrespondiert nicht mit meinem Innern, das ich als gebrandmarkt empfinde.

Der Ausschluss aus der einen Welt eröffnet unter Umständen den Zugang zu einem neuen Universum. Einem sozialen System erstmals wieder zugehörig fühle ich mich, als ich mich mit einem ehemaligen Opfer von Roland A. treffe, das auf Umwegen mit mir Kontakt aufnimmt. Wir verstehen uns blind. Nur ein Opfer kann im ganzen Ausmaß verstehen, was ein anderes Opfer erleiden musste. Es tut gut, mit dieser Frau zu sprechen, und ihre Erinnerungen führen auch dazu, dass ich mehr über Rolis Vergangenheit erfahren will und alle Hebel in Bewegung setze, um an die nötigen Informationen zu gelangen.

Ich muss mich mit einem Mörder auseinandersetzen, der auch mein Partner war. Um ihn trauern kann ich nicht. Es ist mir unmöglich, Gutes in ihm zu sehen. Wie bereits angedeutet, entspricht die akribische und beinahe fanatische Informationsbeschaffung dem Bedürfnis, Dinge verstehen zu wollen, Sinn zu schaffen und Zusammenhänge herzustellen.

Was ich noch nicht weiß, ist, dass ich aufgrund dieser Informationen eines Tages nicht nur neue Fragen stellen, sondern auch den Mut aufbringen werde, auf konkreten Antworten zu beharren. Die Rolle als »Opfer« zu akzeptieren, fällt mir nicht leicht. Aber sie macht mich erneut zugehörig, aktiv, und sie entlastet mich von den allzu großen Erwartungen, wieder genau so werden zu müssen, wie ich vor dem 19. September 2007 gewesen bin. Gewisse Eigenschaften werden ausradiert bleiben, andere lassen sich reanimieren, und neue Seiten meiner Persönlichkeit kommen dazu. Das Erlebte – nicht Roli, wie ich mir nun immer wieder sage – wird mich immer begleiten. Aber meine mögliche Transformation ängstigt mich nun weniger, weil ich akzeptieren kann, dass die Veränderung auch Gutes beinhalten wird.

Alpenfrühling

Meine zweite Reha findet im Frühling 2008 statt. Diesmal bin ich in einer Höhenklinik in Davos untergebracht. Jetzt sollen nicht nur meine Muskeln und Organe auf Vordermann gebracht werden, sondern auch meine verletzte Seele. Ich blicke in die sperrige Schönheit eines kargen Bergfrühlings. Eine blühende Wiese ist in ihrer gesunden Üppigkeit etwas Wunderschönes. Aber sie verhindert die genaue Betrachtung der einzelnen Blumen. Scharf zeichnet sich die Landschaft in den länger werdenden Tagen ab. Zwischen Geröll und spitzen Felsen kämpfen sich Anemonen und Alpenrosen einzeln ans Licht. So filigran sind ihre Blütenköpfe, beinahe erscheinen sie mir als Wunder.

In der Therapie möchte ich als Erstes wissen, was wirklich mit mir los ist und wie die Schäden behoben werden können. Gibt es in der Psychiatrie nicht Tausende von exakten Diagnosen, um die zugrunde liegende Krankheit beinahe so ordentlich und planbar zu behandeln, wie eine defekte Küchenmaschine repariert werden kann?

Die Antwort lautet wie erwartet: »Nein, so einfach geht es natürlich nicht.« Wie schwerwiegend ein traumatisches Ereignis sei, lasse sich nicht an einzelnen Merkmalen bewerten, sagen die Experten. Versuche, Traumata zu quantifizieren, führten letztlich zu einem sinnlosen Vergleichen des Schreckens.

Unter gewissen Bedingungen ist die Wahrscheinlichkeit einer Schädigung besonders groß, erfahre ich: wenn das Opfer überraschend angegriffen, in die Enge gedrängt oder bis zum Zusammenbruch gequält wird. Wie bereits erwähnt, war ich bisher kein Fan der Introspektion, und jene Menschen, die sich jahrelang mit ihrem Inneren befassen, waren mir stets ein wenig suspekt. Jetzt bin ich genau mit dieser Situation konfrontiert, und erst die Auseinandersetzung mit mir selbst und den Geschehnissen der Nacht wird mir ein neues Leben ermöglichen.

Die zwanghaften Erinnerungen, die sich als wandelbare Gefühle und Bilder manifestieren, die Schlaflosigkeit, die Schmerzen und die Angst bewirken, dass mir vieles abhandenkommt, was bisher wichtig war: meine Arbeitstätigkeit, meine Freunde. Spontane Unternehmungen, unbeschwerte Begegnungen. Einkaufen, Sport treiben. Reisen und Lachen. Neugierig und offen sein. Entscheidungen fällen. Sich sicher fühlen. Anderen und sich selbst trauen können. Die Geborgenheit und die Liebe. Mit einem Wort: Leben! Die Gewalt ist ein Angriff auf eine ausgeformte Persönlichkeit, die dadurch Schaden nimmt. Nun geht es darum, das verstörte Selbst neu zu definieren und einen Teil der Lebensqualität zurückzuerobern. Das Augenmerk liegt auf der Stärkung meiner verbliebenen Ressourcen, das heißt: Ich muss eigenverantwortlich auf meine Genesung hinarbeiten und gut gemeinte Einmischungen von außen ignorieren.

Während und nach der ersten Reha wollte ich alles viel zu schnell. Mein Wille, die Dinge voranzutreiben, mein Wunsch nach sofortiger Integration in Alltag und Beruf erwiesen sich als unrealistisch und sogar kontraproduktiv. Von nun an geschieht fast alles im Schneckentempo, doch die Sorgfalt und Gründlichkeit, mit der die Ärzte und Therapeuten in Davos vorgehen – so stelle ich fest, als ich wieder zu Hause bin –, führen zu einer nachhaltigen Besserung.

Verstandesmäßig, so wird mir bewusst, weiß ich, was mit mir los ist. Aber offenbar ist mein Inneres schwer von Begriff, man könnte beinahe sagen, es verhalte sich renitent. Es sträubt sich gegen die Aufnahme unliebsamer Nachrichten und verweigerte bisher auch aus diesem Grund schlichtweg die Kooperation.

Meine Meinung, die meisten Probleme ließen sich alleine lösen, dafür brauche man keine Hilfe von außen, die viel Geld und Zeit kosten, bestätigte sich in den vergangenen Monaten nicht. Anfänglich stehe ich vor allem den »Psycho-Experimenten«, wie ich manche Übungen heimlich nenne, kritisch gegenüber.

Einmal fordert mich der Psychomotorik-Experte auf, an eine Wand in der Sporthalle zu treten. Er werde jetzt in den Geräteschuppen verschwinden und wenig später mit einem Gegenstand in der Hand auf mich zulaufen. Ich wundere mich noch kurz, was das werden soll, und spüre Sekunden später Beunruhigung. Als er auf mich zuschlendert, baumelt ein Baseballschläger an seiner Hand. Der fremde Mann läuft weiter auf mich zu, aufreizend langsam kommt er näher. Ich will wegrennen. Ich will um Hilfe rufen. Beides geht nicht. Einen Moment lang glaube ich, ohnmächtig zu werden. Die Beine knicken weg, zitternd und weinend sinke ich zu Boden und bleibe minutenlang unansprechbar.

Tage später soll ich die Turnhalle als Raum wahrnehmen. Ich überlege kurz und stelle mich wortlos in die Mitte. Während ich jeden Winkel, die Sprossenwand, einzelne Kerben, Ecken und Absätze verinnerliche, beobachtet mich der Therapeut genau. Mit geschlossenen Augen steuere ich nun zielgerichtet in eine Ecke, dann taste ich mich weiter, wobei ich alle Hindernisse gedanklich gespeichert habe. Mein Ziel ist es, nach dem Rundgang wieder in der Mitte der Halle zu stehen, was mir auch gelingt. Ich bin ein wenig stolz, gleichzeitig bringt dieses Experiment eine überraschende Einsicht: Die Gewalt hinterließ Spuren, die mein Verhalten steuern.

In den Gesprächen mit den Experten wird meine Geschichte seit der Kindheit rekapituliert. Anscheinend gibt es Hinweise auf eine »hohe Selbstanforderung mit der Tendenz, eigene Grenzen zu überschreiten«. Übersetzt in die Gegenwart, bedeutet das nun: zwei Gänge zurückschalten, lernen, die Ansprüche an mich selbst zu reduzieren und Rückschläge nicht als Schwäche zu interpretieren. Solche Sätze mögen banal klingen, aber ihre Umsetzung ist es nicht.

In den folgenden Wochen entwickelt sich zwischen mir und meinen professionellen Helfern ein Vertrauensverhältnis. Zu erfahren, dass es fremde Menschen gut mir meinen, gibt mir Sicherheit. Die Machtverhältnisse dieser Beziehungen sind vertraglich geregelt: Das gefällt mir ebenfalls, wie ich mir eingestehen muss. Meine Autonomie steht an vorderster Stelle, alle Entscheidungen werden in Absprache mit mir getroffen. Langsam, aber sicher realisiere ich, dass meine Fähigkeit, das Leben selbstbestimmt anzugehen, sich nicht in jener Nacht auflöste, als mir alles aufgezwungen werden konnte.

Ich will nicht allzu sehr in die Details gehen, aber im Nachhinein kann ich sagen: In Davos gelingt es, den Wegweiser in Richtung Zukunft zu drehen. Man kann mir begreifbar machen, dass es sich bei dem Verbrechen um eine fundamentale Ungerechtigkeit handelt, die mir widerfahren ist. Meine seltsamen Reaktionen während der Übergriffe, mein Unvermögen, später wieder Tritt zu fassen, qualifizieren die Experten nicht als Versagen, sondern als normales Verhalten von Überlebenden. Die ausgearbeiteten Lösungsansätze erscheinen mir bald als eine Form der Gerechtigkeit.

Rückblickend vollzog sich meine Genesung in drei Phasen, wie es in der Sprache der Psychologen heißt: Man gab mir Sicherheit zurück, brachte die Trauerphase in die Nähe eines Abschlusses und schaffte es anschließend, die Verbindung zu einem normalen Leben herzustellen. Diese drei Phasen werden in den folgenden Monaten immer wieder unterbrochen, sie gehen ineinander über, es gibt Rückschläge: Aber die positiven Resultate sind ebenfalls da.

Im Licht

Die Strategien, um den Alltag besser zu bewältigen, zeigen bald Wirkung. Zusammen mit allen anderen Bemühungen funktionieren sie beinahe wie Zauberformeln, und ich stehe als Prinzessin in einem glitzernden Sternenregen, der mich als Wolke aus der Dunkelheit tragen wird. Ich freue mich über die kleinsten Fortschritte. Im Verlauf der Wochen integriere ich mich in den Klinikalltag und nehme an den angebotenen Freizeitaktivitäten teil. Den selbst gemeißelten Ring aus grünem Speckstein trage ich seither jeden Tag.

Einst lag mein Leben wie eine leere Leinwand vor mir. Ich weiß noch, wie ich als Zwanzigjährige dachte, ich schaffe ein schönes Werk. Mit lockeren Pinselstrichen wollte ich gestalten, leicht und luftig. Die negativen und bisher unbekannten Gefühle, die mir das Verbrechen aufgedrängt hat, der Hass, die Minderwertigkeit und die Bitterkeit, machten aus diesem Gemälde ein hässliches Werk. Nicht rosarot, nicht schieferschwarz, sondern orange und gelb leuchten die drei Bilder, die ich in Davos malte, und als Erinnerung an den Anfang meiner Genesung hängen sie auch heute in meiner Wohnung.

Schritt für Schritt geht es voran, und bald unternehme ich ausgedehnte Ausflüge in die Natur. In den weiter oben gelegenen Regionen, die ich später mit Wanderschuhen erobere, entdecke ich klein gewachsene und knorrig geformte Bäume, von Wind und Wetter in bizarre Schieflagen gedrängt. In einem Flussbett oder auf einem einsamen Abhang stehend zu einem Wachstum gezwungen, das ihrer Art widerspricht, erkämpfen sie sich einen Lebensraum und erscheinen in ihrer Eigenständigkeit sogar kraftvoller als die perfekten Exemplare im Unterland. Etwas verformt durch die zurückliegenden Ereignisse, werde auch ich mich erneut dem Licht zuwenden, so bin ich nun überzeugt. Bereits gelingt es mir, einige Minuten, dann eine Stunde und einmal sogar einen halben Tag nicht an die schrecklichen Geschehnisse zu denken. Ruhe und innerer Frieden kehren in diesen Momenten zurück: Sie sind mir mehr wert als alles andere.

Bald weiß ich, dass meine Intuition auch im Fall von Roli nicht komplett versagt hat, ich die negativen Signale aber leider ignorierte – und so traue ich meiner Menschenkenntnis wieder etwas mehr. Was nicht heißt, dass ich den Mitmenschen blind vertraue. Die psychische Angst überwinde ich auch im Verlaufe der Zeit nicht vollständig, und die physische Distanz bleibt mir ein Bedürfnis.

Macht und Ohnmacht, Dominanz und Erniedrigung erscheinen mir wesentliche Eigenschaften sämtlicher Beziehungen zu sein. Ich sehe das Ungleichgewicht überall. Das Bedrängen, das Ringen, das Abwehren. Das Großmachen, das Kleinmachen.

Noch immer fällt es mir schwer, im richtigen Moment auf die Bremse zu treten. Anstatt wie bisher einzuschätzen, abzuwägen, mich so umsichtig zu verhalten, dass mein Gegenüber keinen Anlass findet, um sich unangemessen zu verhalten, will ich künftig bei den anderen einwandfreies Verhalten voraussetzen und allfällige Grenzüberschreitungen bereits in den Anfängen sanktionieren. Wo genau soll man ansetzen? Wenn einen jemand anrempelt? Wenn sich jemand nicht bedankt?

Wenn jemand von allem zu viel will? Bestimmenden und dominierenden Menschen gehe ich einfach aus dem Weg.

Der Rest ist ein weites Feld, und das Bedürfnis, neue Bekanntschaften gleich zu Beginn genau einzuschätzen, bleibt übergroß. Anders als am Anfang, als die Angst mich beherrschte, gelingen mir solche Beurteilungen bald mit klarem Verstand: Ich analysiere die Körperhaltung, die Stimme, die Physiognomie, die Kleidung, das Gesagte. Was man mir erzählt, hinterfrage ich grundsätzlich. Den Wahrheitsgehalt der Aussagen versuche ich mit selbst entwickelten Tricks zu überprüfen, und in den kommenden Monaten muss ich mich mehr als einmal zur Ordnung rufen, weil ich ein unbändiges Bedürfnis verspüre, Nachforschungen über die Menschen meines Umfeldes anzustellen.

Die zweite Heimreise fällt mir weniger schwer als die erste. Die Außenwelt erscheint vertrauter, nicht habgierig, weniger unverschämt in ihren Ansprüchen. Viele potenzielle Gefahren sind nun besser einschätzbar, weil ich ihnen bereits einmal ausgesetzt war. Beruhigter und sicherer gehe ich diese neue Lebensphase an.

In der Reha erarbeitete ich eine Liste mit den Namen von ausgewählten Freunden und Familienmitgliedern. Mit jenen, die mir besonders am Herzen liegen, nehme ich nach meiner Rückkehr Kontakt auf. Auf ihre Hilfe und ihre Rücksichtnahme will ich in Zukunft zählen, anstatt mich zu isolieren. In den folgenden Monaten begleiten sie mich nach Einbruch der Dunkelheit vor die Haustür. Sie finden nichts dabei, wenn wir uns im immer gleichen Lokal treffen, das mir von der Kuchenvitrine bis zu den Toiletten vertraut ist. Sie zeigen Verständnis, dass ich im Kino in der hintersten Reihe sitzen möchte und meine ehemalige Präferenz für Actionfilme zugunsten von süßer Romantik und Tierfilmen aufgegeben habe.

Diese Menschen begleiten mich in der schwersten Zeit meines Lebens, ich verdanke ihnen viel. Szenarien, die mir Angst machen könnten, vergegenwärtige ich mir nun bildhaft. Mehr noch: Ich versetze mich mit Haut und Haar in die gefürchtete Situation hinein, versuche mich mit zu erwartenden Gerüchen, Geräuschen und Bewegungen vertraut zu machen.

Anfänglich sind es einfache Alltagssituationen, die ich durchspiele, bevor ich sie tatsächlich angehe: So male ich mir aus, wie es sein wird, wenn ich meine Einkäufe im Supermarkt erledigen muss. Ich höre die Lautsprecheransagen, das Kindergeschrei und die aneinanderschlagenden Einkaufswagen. Im Kühlregal liegen Rolis Lieblingsjoghurt, später fällt mein Blick auf seine bevorzugte Pastasorte. In der Warteschlange vor der Kasse drängen die Leute. Ich bezahle, räume alles in meine Tasche, trete in die Drehtür. Hinter mir drängt ein Mann in das enge Abteil und prallt in meinen Rücken. Ich will fliehen und falle beinahe in die Glasscheibe, weil mich der sekundenschnelle Körperkontakt dermaßen ekelt. Draußen warte ich, bis eine Frau die gleiche Richtung einschlägt wie ich. Es ist unterdessen dunkel geworden, und schließlich laufe ich den Straßenlampen entlang nach Hause.

Auch in der Waschküche wird Dunkelheit herrschen, so male ich mir aus: Ich taste in Gedanken nach dem Lichtknopf, finde ihn nicht sofort. Dann erhellt gleißendes Neonlicht den Raum. Ich muss dem Korridor den Rücken zukehren, will ich die Wäsche einfüllen. Das einlaufende Wasser und das monotone Geräusch der drehenden Trommel könnten einige Sekunden lang so laut sein, dass ich fremde Schritte nicht hören würde. Und meine Nachbarin benutzt noch immer den gleichen Weichspüler, den ich einst liebte, und als Roli unser gemeinsames Badetuch zum ersten Mal benutzte, hielt er es an die Nase und sagte: »Es riecht wie du.«

Flammenmeer

Seit der Septembernacht brennt eine winzige Flamme in mir. Die Angst spielt mir noch immer überraschende Momente zu, bläst hinterrücks in das Feuerchen, wartet genüsslich ab, was geschieht: Wenn ich unvorbereitet auf einen schrecklichen Zeitungsartikel stoße, erlebe ich die Qualen des Opfers in den letzten Minuten vor seinem Tod. Das Leid, die Schmerzen sind körperlich spürbar, wie eine dunkle Blase steigt beides in mir auf. Ich kann nicht umblättern, stehe unter einem Bann, muss weiterlesen.

Die Gewalt scheint zum Leben zu gehören. Sie begegnet mir immer wieder überraschend, in Form von blutrünstigen Vorfilmen, in den Nachrichten, als Fotografien. Waren solches Elend und seine Auswirkungen im Alltag schon immer omnipräsent, oder empfinden es nur jene so, die Opfer von schlimmen Übergriffen wurden? Die Toten, Massakrierten, Geschändeten vergleiche ich beinahe zwanghaft mit mir selbst: Wie lebten sie zuvor? Wie reagierten sie im Moment der Übergriffe? Wieso überleben einige und andere nicht? Es ist keine Obsession, aber es könnte eine werden, wenn ich nicht aufpasse. Noch heute gerate ich plötzlich in Situationen, die mich in Furcht und Schrecken versetzen. Anderes ist besser kontrollierbar, und den Verlauf und Ausgang meiner Ängste bestimme ich immer öfters selbst: indem ich in die Geschehnisse eingreife.

Auch bei dieser Verhaltenstaktik spielt die Vorstellungskraft eine Rolle. Im Moment plötzlich aufsteigender Verzweiflung versetze ich mich innert Sekunden an einen sicheren Ort, den ich – nach längerem Training – sofort abrufen kann. Ich atme tief durch, gehe in mich hinein und befinde mich dort, wo ich als Sechsjährige Ruhe und Frieden fand: Der Bach befindet sich am Rand einer blühenden Wiese. Im Bach liegen große und kleine Steine. Mein Zwillingsbruder und ich waten in Gummistiefelchen durch das Nass. Wir versuchen Kaulquappen zu fangen. Wir sind in fragloser Sicherheit. Wir sind glücklich. Ich höre das Plätschern des Wassers, sehe sein smaragdgrünes Schimmern. Der Duft dieser Stunden, ihr Klang, ihre Farben beruhigen mich augenblicklich.

Die bildhafte Vorbereitung, die mentale Kreation solcher Oasen helfen mir im Alltag enorm. Bald besuche ich nicht mehr nur die verschiedenen Therapien, sondern auch wieder das Fitnessstudio, treffe mich mit meinen Freunden und meiner Familie. Ich lerne sogar neue Menschen kennen. Sie bringen mich nicht mit den Geschehnissen der Nacht in Verbindung. Sie sehen meine Veränderungen nicht, weil sie mich zuvor nicht gekannt haben. Sie mögen mich so, wie ich wurde, so, wie ich jetzt bin.

Auf meinen ersten Arbeitstag freue ich mich riesig. Und meine Kollegen freuen sich auf meine Rückkehr, verriet mir der Chef bereits am Telefon. Speziell für mich schaffte man ein Stehpult an, das mir künftig als Arbeitsplatz dient und eine Entlastung für meinen geschundenen Körper bedeuten wird. Das Pensum, die Hektik: Das alles ängstigt mich bereits im Voraus. Der Gedanke, dass ich rund achtzig Menschen gegenübertreten muss, die in irgendeiner Art und Weise von meinem Schicksal wissen, ist schwierig.

Stundenlang zerbreche ich mir den Kopf darüber, wie ich vorgehen soll, wie ich auf unangenehme Fragen reagieren kann und was zu tun ist, wenn mir alles zu viel wird. Zusammen mit meiner Psychologin erarbeite ich einen praktischen Plan, falls die Dinge aus dem Ruder laufen: Toilettenbesuch, wenn der nichts nützt, Spaziergang in der freien Natur, und wenn dies auch nicht hilft, vorübergehender Rückzug in meine Wohnung.

Den ersten Arbeitstag nehme ich auch zum Anlass, um mir das zurückzuerobern, was einst Freiheit und Abenteuer bedeutete. Zuerst wollte ich eine der Tatwaffen – wie ich mein Cabriolet später manchmal nannte – verkaufen. Aber niemand wollte es. Später ermöglichte die Opferhilfe eine komplette Neuausstattung des Kofferraumes. Mit klopfendem Herzen öffnete ich den Deckel einige Wochen zuvor. Mit einem vertrauten Klicken schwebte er in die Höhe. Der Abgrund meines Lebens lag unschuldig vor mir. Der Teppich roch neu. Tränen, Blut, Todesangst, Schmerzen: Alles weg. Ein praktischer Aufbewahrungsort für Einkäufe, Gepäck. Mehr nicht.

Jetzt geht es darum, die Fahrt zu meinem Arbeitsplatz zurückzulegen und den Wagen in der Tiefgarage zu parken. Glücklicherweise gibt es keine Schaltuhr, und das Parkhaus bleibt dauernd erleuchtet. Bereits das Aussteigen fällt mir schwer. Im oberen Stockwerk angekommen, laufe ich so schnell wie möglich an den geschlossenen Büroräumen vorbei und hoffe inständig, dass mich niemand sieht. Dann stehe ich vor der Tür meines Büros. Der schwierige Moment ist weniger schlimm als befürchtet. Ich atme tief durch, öffne die Tür und werde von meinen beiden Arbeitskollegen strahlend in Empfang genommen. Ich lasse mich umarmen. Mein Stehpult wurde vor einer Wand platziert, was mir einen sicheren Überblick über die Räumlichkeiten verschafft.

Früher konnte ich mich komplett in meine Arbeit vertiefen, und die Stunden flogen nur so dahin. Beinahe abgekapselt von der Außenwelt, ging ich meinen Aufgaben als Assistentin nach, die ich blitzschnell und fehlerfrei erledigte, wie der Chef stets lobte. Nun kommt mir der einst gemächliche Bürobetrieb wie ein Tollhaus vor.

Krampfhaft fixiere ich die vor mir liegenden Papiere. Ich muss jede Linie dreimal lesen, um die Zusammenhänge zu begreifen, die ich zwei Minuten später wieder vergesse. Ich zwinge mich zur Konzentration, schweife immer wieder ab und werde durch drei Menschen und die Geräusche, die sie verursachen, abgelenkt: sich drehende Stühle, Kugelschreiber, die auf Pultplatten fallen, Telefone, die klingeln, Kollegen, die miteinander reden. Die Stunden ziehen sich endlos hin.

Wie vorgesehen, halte bis am Mittag durch. Erschöpft und unzufrieden mit mir selbst, mache ich mich auf den Heimweg, lege mich ins Bett und schlafe bis zum Sonnenuntergang durch. In den folgenden Monaten kann ich mein Arbeitspensum steigern und werde routinierter in den Verrichtungen. Meine intellektuellen Kräfte scheinen sich erneut zu mobilisieren und zu ordnen.

Jeden Abend halte ich mir auch winzigste Fortschritte vor Augen. Gestärkt und motiviert, nehme ich so den nächsten Tag in Angriff. Meine eigenen administrativen Arbeiten erledige ich jetzt frühmorgens, gewisse Tätigkeiten im Haushalt auch, da es mir nach der Arbeit an Energie fehlt. Die verschiedenen Therapien, die ich noch immer absolvieren muss, organisiere ich so, dass ich einer fünfzigprozentigen Berufstätigkeit nachgehen kann. Noch immer geht mir vieles zu langsam, am liebsten würde ich wieder Vollzeit arbeiten. Die Erinnerungen an die große Krise halten mich jedoch zurück. Bei der Einschätzung meiner Kräfte verlasse ich mich jetzt lieber auf das Urteil der Fachleute.

Abschied für immer

Zwölf Monate sind vergangen. Beinahe plötzlich stehen der 19. und der 20. September vor der Tür. Das Verbrechen und mein Überleben jähren sich zum ersten Mal. Ich verbringe diesen neuen Geburtstag mit einer guten Freundin in einem kleinen Hotel in Brunnen. Tagsüber besuchen wir das Thermalbad und gönnen uns ein asiatisches Festmahl. Am Abend sitzen wir im gemütlich eingerichteten Studio und reden bis in die frühen Morgenstunden. Das Schreckliche lässt sich nun in klare Worte fassen. Die verbale Wiederholung tut mir gut, weil das Unfassbare so an Kraft verliert.

Den nächsten Tag – es ist der 20. September – verbringe ich mit meinem älteren Bruder und seiner Partnerin. Am Sonntag spaziere ich allein dem Lido entlang. Die Stimmung erinnert mich an den Tag, als ich Roli kennen lernte. Für die gleiche Strecke benötige ich nun doppelt so viel Zeit. Kinder füttern die Enten, Paare gehen Arm in Arm dem See entlang, der Duft des Herbstes liegt in der Luft. »Ein schöner Tag ist jetzt ein sehr schöner Tag.« Dies denke ich kurz nach dem ersten Jahrestag meiner Wiedergeburt.

Ich lasse die vergangenen Monate Revue passieren. Vieles war kräfteraubend, schien unüberwindbar. Aber am Ende des Dunkels sah ich ein Licht, und der langwierigen Genesung folgte die erneute Aufnahme meiner etwas wankelmütigen Existenz. Den Abend verbringe ich zu Hause: mit dem Aktenstudium. Bereits seit einiger Zeit konfrontiere ich mich – unterbrochen von Ruhepausen, die ich mir auferlege – mit den umfangreichen Unterlagen, die ich in der Zwischenzeit über den Fall besitze. Aber erst nach dieser ersten Geburtstagsnacht vertiefe ich mich in die polizeiliche Befragung, die die Kantonspolizei Luzern in der Nacht vom 20. September 2007 mit Roli durchgeführt hat.

Seine unverschämten Lügen treiben mir die Tränen in die Augen. Wenige Stunden bevor er sich umbrachte, versuchte er die Fakten so darzustellen, dass ihn keine Schuld traf. Es fehlte ihm auch angesichts einer ausweglos erscheinenden Situation an Mut, Verantwortung zu übernehmen. Er reduzierte mein Leiden und die Qualen genau so, wie er es bei seinem ersten Mordopfer getan hatte.

Er stritt ab, er verdrehte, er bagatellisierte. Er stellte mich als fragwürdiges Wesen hin, den ersten Schuss auf mich als Versehen, den zweiten und dritten als gnadenvolles Handeln, um mich zu erlösen. Kaltblütig zeichnete er, wenige Stunden nachdem er mich beinahe getötet hatte, eine Skizze auf das Papierblatt des Beamten. Das Opfer: ein formloser Umriss, auf dem Boden liegend, ohne Gesicht, dafür mit Löchern im Körper. Angst habe Nicole keine gehabt. Die Fahrt im Kofferraum sei eine Vorsichtsmaßnahme gewesen, da er befürchtete, in eine Polizeikontrolle zu geraten. Kein Wort der Reue. Kein Mitleid.

Ich bin erschüttert, aber keineswegs am Boden zerstört. In diesem Zustand treffe ich die Entscheidung, Rolis Abschiedsbrief zu lesen, den man mir vor Monaten – auf meinen Wunsch hin – ausgehändigt hatte. Dass ein solches Schreiben existiert, erfuhr ich nicht etwa durch die Polizei, sondern durch Rolis Bruder. Bisher überstieg es meine Kräfte, zu erfahren, was mir mein Mörder in den letzten Minuten seines Lebens mitteilen wollte. In schlaflosen Nächten dachte ich an den Brief. Ich wagte nicht, ihn zu berühren, aber in Gedanken nahm ich ihn in die Hand, strich mit den Fingern den verklebten Kanten entlang, hielt das Couvert an die Nase und bildetet mir ein, es rieche staubig.

Was mochte in diesem Brief stehen? Ein großes Geheimnis? Die Erklärung auf alle Fragen? Würde ich nach der Lektüre Mitleid für Roli empfinden oder gar Schuld? Jetzt knipse ich das Licht an. Der Umschlag liegt hinten rechts unter anderen Dokumenten. Ich finde ihn blind. Wahrhaftig drehe ich ihn nun in meinen Händen, stelle mir vor, wie ich mit einem Messer in den Umschlag fahre, die Längsseite mit einem leisen Geräusch aufreißt, worauf ich den Papierbogen herausziehe, ihn entfalte. Aber der Mut verlässt mich auch diesmal.

Später lese ich den Brief zusammen mit meiner Psychologin Absatz für Absatz durch. In ungelenker Handschrift steht dort mit Kugelschreiber: »Schatz«. Der Brief ist übersät mit Blutstropfen. Er schrieb ihn, als sein Selbstmord beschlossene Sache war. Ich merke, dass Roli erneut nach mir greift, mich über seinen Tod hinaus beeinflussen und in den Abgrund reißen will. Ich empfinde Wut und Hass. In seine Welt will er mich mitnehmen, die sich im Moment der Niederschrift als hoffnungslos erweist.

Wieder und wieder lese ich das Geschriebene durch. Ich begreife nicht, was er mir sagen will. Es ist, als wären die Zeilen in einer Fremdsprache verfasst. Ein einziger Satz dringt zu mir durch. Ich halte ihn instinktiv für eine Lüge: »Es tut mir leid.« Die Vergewaltigung, die Folter, die Geiselnahme, meine Vernichtung – dazu schreibt er kein Wort. Und von der beschwerlichen Rückkehr ins Leben, von diesen eineinhalb Millionen Sekunden bis zum heutigen Tag natürlich auch nicht.

Nach Beendigung der Lektüre weiß ich, dass mir Roli gleichgültig geworden ist. Ich fühle mich wie befreit von einem Dämon und nehme mir vor, diesen Brief eines Tages an seinem Grab zu verbrennen.

Beim künftigen Aktenstudium konzentriere ich mich weniger auf Roli als auf mich. Bisher begleitete mich die Scham, wenn ich daran dachte, dass Ärzte, Psychologen und Polizeibeamte mich offensichtlich nicht für schützenswert gehalten hatten. Nun ergreift mich Wut. Wieso konnte dieses Verbrechen überhaupt geschehen? Zwischendurch lasse ich die Dokumente und belastenden Fragen ruhen. Ich will mich nicht in Dinge verheddern, die nicht zu ändern sind, und muss meine Energien weiterhin gut einteilen.

Kehre ich nach einem halben Tag im Büro in meine eigenen vier Wände zurück, bin ich sehr erschöpft. War ich früher in allem eine ausdauernde Marathonläuferin, laufe ich heute nur noch kurze Strecken und benötige längere Erholungsphasen. Nicht nur die physische Kondition litt als Folgeerscheinung der Nacht, auch die Nerven werden fragil bleiben. Diese Einsicht bedeutet eine große Umstellung, weil sie mir Grenzen aufzeigt, die es früher nicht gab.

Andere Grenzen überwinde ich. So besuche ich eines Tages meinen Vater, der sich über meine lange Absenz gewundert hat, wie er mir am Telefon mitteilt. Die Fahrt in sein Wohnheim ist anstrengend, Schmerzen plagen mich noch immer, und vor allem längeres Sitzen bereitet mir Mühe.

Nach mehreren kleinen Hirninfarkten ist Paps' geistige Gesundheit in Mitleidenschaft gezogen. Aber auch er hält am Leben fest, und was er in meiner Kindheit nicht schaffte, geht nun, weil sein eigenes Wohlergehen auf dem Spiel steht. Nach einigen gescheiterten Entziehungskuren trinkt er keinen Tropfen Alkohol mehr. Im Wohnheim serviert man uns Kaffee und Kuchen. Bei Tee und Gebäck stellte ich ihm einst Roli vor. Die beiden Männer verstanden sich auf Anhieb.

Bei einem Spaziergang erzähle ich meinem Vater, was geschehen ist. Ich gehe nicht allzu sehr in die Details, will ihm aber das Ausmaß der Übergriffe und Rolis Tod nicht verschweigen. Er sagt lange nichts. Er stellt keine Fragen. Ich weiß nicht, ob er um mich trauert, Mitgefühl für mich empfindet. Schließlich spricht er einen einzigen Satz: »Das hätte ich von Roli nicht gedacht.« Es ist gut so. Ich brauche meinen Vater nicht und erwarte keinerlei Unterstützung von ihm, das realisiere ich in diesem Moment so klar wie nie zuvor. Es ist keine bittere Erkenntnis. Es ist einfach die Wahrheit. Es gibt genügend andere Menschen, auf die ich zählen kann, diese Gewissheit bekam ich als Folge der Nacht geschenkt. Als ich den Heimweg antrete, fühle ich mich erneut befreit.

Einige Tage später stehe ich zum ersten Mal wieder auf meinen geliebten Rollerblades. Allein fliege ich über die Straßen, fast so geschmeidig wie zuvor. Die Haare wehen im Wind, das Glück ist beinahe fassbar, und die Sicherheit wächst, irgendwann auch den restlichen Bodensatz der schrecklichen Geschehnisse zu bewältigen und hinter mir zu lassen: indem ich kläre, was ich noch immer nicht verstehe.

Recht und Gerechtigkeit

Den Rechtsweg beschreite ich auch, weil ich die Gewissheit erhalten möchte, dass ich nicht unwichtig bin. Dieser Wunsch ist zwangsläufig damit verbunden, jene Personen und Instanzen, die mich in den Wochen vor dem Verbrechen im Stich ließen, juristisch zu belangen.

Und automatisch geht es bei allfälligen Klagen um sühnendes Geld. Geld bringt kein Menschenleben zurück, die Ehre nicht, die Unversehrtheit nicht, den Seelenfrieden nicht. Angehörige von Mordopfern sehen das zugesprochene Geld als Wiedergutmachung für die erlittenen Qualen ihrer Liebsten, die nicht umsonst tot sein dürfen. Vielleicht auch als Anerkennung einer Schuld. Wenn die Schuld mit Einsicht verbunden wäre, würden die nachgewiesenen Fehler und Versäumnisse, die das Verbrechen begünstigt oder ermöglicht hatten, in Zukunft nicht mehr gemacht. So ist der Verlust eines geliebten Menschen nicht komplett sinnlos.

Haftungsklagen sind schließlich auch der verzweifelte Versuch, eine Entschuldigung zu erreichen, die sonst niemand über die Lippen bringt. Eine richterlich erzwungene Entschuldigung mögen die einen als wertlos erachten, aber Opfer und ihre Angehörigen sehen darin einen Sinn.

Um eine zivilrechtliche Haftung zu erreichen, muss aus strafrechtlicher Sicht eine Unterlassung oder ein falsches Handeln vorgeworfen werden können, klärt mich meine Anwältin frühzeitig auf. Aufgrund der Fakten hält auch sie es für beinahe unglaublich, was sich in den Tagen vor der Tatnacht zugetragen hat, und spricht sich für ein entsprechendes Vorgehen aus. Zwischen Recht und Unrecht entscheidet der gesunde Menschenverstand fast immer klar und deutlich. Diese Auffassungen auch haftpflichtrechtlich durchzusetzen, ist angesichts unzähliger juristischer Hürden und Spitzfindigkeiten jedoch ein schwieriges, langwieriges und bisweilen frustrierendes Unterfangen.

Recht und Gerechtigkeit sind verschiedene Dinge, das weiß ich heute. Die Durchsetzung der Anliegen scheitert allzu oft an den mangelnden finanziellen Ressourcen der Opfer. Damit wird – so erscheint es mir zumindest im Verlauf vieler Monate – bewusst spekuliert. Je länger die Verfahren verzögert werden, desto häufiger kommt es zu einem vorzeitigen Abbruch. Vieles, was meiner Meinung nach im Fall Roland A. schon lange schieflief und in einer langen Zielgeraden auf eine weitere Katastrophe zusteuerte, liegt lange zurück, und mögliche

Fehler sind nicht mehr oder nur schwer nachweisbar: die frühen forensischen Gutachten, die damit verbundenen fehlerhaften Prognosen, die vorzeitige Haftentlassung, die verpatzte Resozialisierung.

Anderes wird durch jene Statisten erschwert, die in die aktuellen Ereignisse involviert sind, jedoch die Verantwortung für ihr nachlässiges Verhalten ablehnen. Dass ihnen mein Schicksal egal ist, erstaunt mich nicht. Aber auch ein Interesse daran, wie man ein ähnliches Verbrechen künftig verhindern könnte, besteht offenbar nicht. Wer sich einsichtig zeigt, legt in den Augen der Justiz ein Schuldeingeständnis ab. So ist es vielleicht wenig verwunderlich, dass die Statisten der Unglücksnacht einfach ihre Haut retten wollen. Trotzdem macht mich dieses Verhalten wütend, und aufgeben will ich vorerst nicht. Es ist ein Kampf gegen Windmühlen, wie die folgenden Monate zeigen werden.

Rolis Hausarzt stellt sich in einem persönlichen Gespräch mit mir auf den Standpunkt, die nötigen Schritte eingeleitet zu haben, worauf der Spielball bei der Polizei gelegen habe. Diese Argumentation leuchtet mir so weit ein. Er und der Psychotherapeut werden ausgiebig von der Polizei befragt. Einiges schildern diese Personen anders, als ich es in Erinnerung habe. Eine Verletzung der Sorgfaltspflicht kann ihnen nicht oder nur schwerlich nachgewiesen werden. Sie beharren darauf, keine Möglichkeit gehabt zu haben, die datenschützerischen Auflagen zu umgehen.

Der Psychotherapeut behauptet, er habe Roland A. dazu aufgefordert, mich zum nächsten Gesprächstermin mitzubringen. Roli habe sich in den Wochen vor dem Verbrechen verschiedentlich außerterminlich bei ihm gemeldet. Telefonisch habe er darüber geklagt, erneut unter starken Eifersuchtsattacken zu leiden. Zudem habe er befürchtet, dass Drittpersonen mich über seine Vergangenheit aufgeklärt haben könnten und wenn nicht, dass dies bald geschehen werde.

Die nächste Therapiesitzung sollte am 21. September 2007 stattfinden, dabei wollte mich Hartmut Schmid offenbar professionell und in Anwesenheit seines Patienten über dessen Vergangenheit aufklären. Von dieser beabsichtigten Dreiersitzung wusste ich auch zwei Tage vor dem »Termin« nichts, und somit liegt es auf der Hand, dass nicht nur Roli keinen Wert auf dieses gemeinsame Gespräch gelegt hat. Aufgrund meiner Interventionen und der sich abzeichnenden Gefahrensituation hätte sich der Therapeut zumindest vergewissern müssen, ob Roli mich informiert hatte, sonst wäre – meiner Meinung nach – eine andere Vorgehensweise angebracht gewesen, um mich aufzuklären. Sowieso – so gab der Therapeut zu Protokoll – sei es zu keiner weiteren Sitzung gekommen, da sich das Gewaltverbrechen einen Tag vor dem vereinbarten Termin ereignet habe. Sein zögerliches Verhalten am Morgen des 20. Septembers erklärt er folgendermaßen: Er habe zuerst angenommen, sein Patient befinde sich in Gefahr. Erst als er mit mir gesprochen habe, habe er die Ernsthaftigkeit der Situation realisiert. Da ich mich am Telefon klar und deutlich geäußert hätte, wollte er sich vor Ort einen Eindruck verschaffen, bevor er die Polizei und die Ambulanz verständigte. Angesichts solcher Ausweichmanöver ist es schwierig, zu beweisen, was wahr ist und was nicht.

Ähnlich verhält es sich im Fall des Polizeibeamten Koni Sigrist. Eine kurze Rekapitulation: Nachdem ich mich Ende August 2007, beunruhigt über den Verlauf der Beziehung, beim Hausarzt von Roli gemeldet hatte, benachrichtigte dieser in Absprache mit mir den zuständigen Polizeiposten in Sempach und damit den Beamten Koni Sigrist.

Erst nach dem Verbrechen lieferte dieser eine nachträglich

verfasste Aktennotiz nach, in der er das Gespräch mit mir – verspätet und durch die Umstände erzwungen – festhielt. Im Wissen darum, dass es sich bei Roland A. um einen nicht ungefährlichen Mann handelte, habe er, nachdem er vom Hausarzt in Kenntnis gesetzt worden sei, angeregt, mit mir in Kontakt zu treten, schrieb er. Der weitere Handlungsspielraum sei eingeschränkt gewesen, da ich auf eine Anzeige wegen Stalking verzichtet hätte. Wäre ich durch den Beamten richtig informiert worden, hätte ich eine solche Anzeige sicher gemacht. Er will mich mit Nachdruck darauf hingewiesen haben, die Beziehung sofort zu beenden. Aus Datenschutzgründen sei es ihm jedoch nicht möglich gewesen, über Details zu früheren Delikten Auskunft zu geben. Sein leichtfertiges Handeln ist nicht nur meiner Anwältin unerklärlich. Von meinem Vorhaben, ein Strafverfahren wegen fahrlässiger schwerer Körperverletzung einzuleiten, rät sie mir zu diesem Zeitpunkt aber ab.

In der Folge gelangen wir an den mächtigen Arbeitgeber von Koni Sigrist: das Kommando der Kantonspolizei Luzern. In einem ausführlichen Schreiben legt meine Anwältin unsere Sicht der Dinge dar: Obwohl Koni Sigrist von Rolis Vergangenheit wusste und somit auch von seiner Gefährlichkeit, gab er mir – indem er mir zur Beendigung der Beziehung riet – einen unzulänglichen und falschen Rat, denn dessen Umsetzung brachte mich in lebensbedrohliche Gefahr. Dass er mich, anders, als er behauptet, nicht dazu angehalten hatte, an eine Opferberatungsstelle zu gelangen oder die beabsichtigte Trennung in Begleitung von Fachpersonen durchzuführen, wird von meiner Anwältin als Unterlassung qualifiziert. Sein Ratschlag, die Beziehung sofort zu beenden, sei als falsches Handeln zu interpretieren. Die eingetretenen Folgen wären vermeidbar gewesen, wenn die Polizei richtig agiert hätte.

Mit diesem mehrseitigen Schreiben sollte die Bereitschaft des Kantons Luzern zur Regelung der Haftungsfrage geklärt werden und ob eine außergerichtliche Einigung infrage komme. Das Antwortschreiben des Kantons umfasste eine einzige – verächtlich abgefasste – Zeile: »Wir können weder ein strafrechtliches noch zivilrechtliches Fehlverhalten unsererseits erkennen.« Für mich bedeutet dieses Schreiben: »Wir sind uns keiner Schuld bewusst und sind an einer außergerichtlichen Einigung nicht interessiert.«

Ich lasse mich vorerst nicht entmutigen, und so gelangen wir in einem weiteren Schritt an den zuständigen Haftpflichtversicherer des Kantons Luzern. Dieser beurteilte die Reaktion der Kantonspolizei in Vorfeld der Tat als »nicht adäquat«, und diese Einschätzung lässt uns monatelang hoffen. Ausgiebige rechtliche Abklärungen sind notwendig, bevor eine Schadenersatzforderung gestellt werden kann.

Beinahe Unmögliches wird vorausgesetzt, und aberwitzige Dinge müssen bewiesen und nachgewiesen werden, wobei der Grundsatz zu herrschen scheint: Das Opfer muss den Wahrheitsgehalt seiner Aussagen beweisen, die angeschuldigten Staatsdiener dürfen sich mit fadenscheinigen Ausreden aus der Verantwortung schleichen. In dubio pro reo: Im Fall einer Klage müsste ich zum Beispiel beweisen, dass ich nichts von Rolis mörderischer Vergangenheit gewusst habe, obwohl dies aus meinem Verhalten und den Reaktionen im Gespräch mit Koni Sigrist klar hervorging und indirekt auch durch die Aussagen von Hartmut Schmid bestätigt wurde. Ebenfalls wäre der Beweis zu erbringen, dass ich – wäre ich richtig informiert worden – vor der Trennung anders gehandelt hätte, als ich es ohne diese Informationen getan habe.

Bei anderen Punkten verhält es sich ähnlich: Die gewaltsame Verwüstung meines Cabriolets veranlasste die Beamten des

Polizeipostens Rümlang zu einer Meldung an den Posten Sempach. Obwohl es sich bei meinen damals gemachten Äußerungen nur um einen Verdacht handelte, brachte ich diesen klar mit den erfolgten Stalkingattacken in Zusammenhang, die Roli gegen mich unternommen hatte. Diese hätten dem Amtsstatthalteramt Luzern gemeldet werden müssen, weil Roli mit diesem Benehmen – wie bereits angedeutet – gegen die Haftentlassungsauflagen verstieß, die im Jahr 2006 ausgesprochen worden waren. Aufgrund einer solchen Meldung hätte man Roli bereits im Spätsommer 2007 in Untersuchungshaft setzen können.

Bei der Frage, ob das Amtsstatthalteramt Luzern oder die übrigen involvierten Instanzen das Gefährdungspotenzial des Täters beziehungsweise die Wiederholungsgefahr unterschätzten, verhält es sich ähnlich kompliziert wie bei allen anderen Punkten. Hätte der – mittels strafrechtlich angeordneter Maßnahmen – weitere Verlauf der Psychotherapie nach der Entlassung aus der Untersuchungshaft nicht besser kontrolliert werden müssen? Auch dieser Themenbereich sei geprägt vom schwierigen Beweis, welche Hinweise auf eine Wiederholungsgefahr damals bestanden hätten, kommen die Rechtsexperten zum Schluss.

Das letzte forensische Gutachten, aus dem Jahr 2007, enthielt eine Empfehlung an die Untersuchungsbehörden: Beim Delinquenten müsse eine ambulante Maßnahme angeordnet werden. Das heißt, es wurde wiederholt, was bereits in den Haftentlassungsauflagen aus dem Jahr 2006 angeordnet worden war, nämlich dass Roland A. zu einer regelmäßigen Psychotherapie zu verpflichten sei. Festgehalten wurde auch, dass gegen den gleichzeitigen Vollzug einer Freiheitsstrafe und der Therapie grundsätzlich keine Einwände bestünden. Da das Strafverfahren »Katharina Sevill« zum Zeitpunkt des neuen Gutachtens nicht abgeschlossen war, wurden wie bereits erwähnt keine definitiven Maßnahmen geprüft.

Obwohl also der Versicherer des Kantons anfänglich Bereitschaft signalisiert hatte, den Fall näher zu prüfen und einen gewissen Betrag im Sinne eines Prozessrisikoauskaufs zu bezahlen, fiel diese nach der vehementen Ablehnung jeglicher Verantwortung durch die Kantonspolizei schließlich sehr niedrig aus.

Für mich ist es eine Botschaft: Auch als Opfer bin ich unwichtig. Dieser Bescheid erreichte mich im April 2010. Nun stehe ich vor der großen Frage, wie es in rechtlicher Hinsicht weitergehen soll. Hätte ich viel Geld, würde ich vielleicht alle Hebel in Bewegung setzen, um Gerechtigkeit zu fordern, das heißt, ich müsste eine Staatshaftungsklage einreichen. Nicole Dill gegen den Kanton Luzern? Ein solches Unterfangen kann jahrelang dauern und in einem persönlichen und finanziellen Desaster enden. Das will gut überlegt sein. Der Gedanke, aufzugeben, fällt mir schwer, weil dies auch bedeuten würde, dass ich das Verhalten der Verantwortlichen indirekt toleriere. Trotzdem muss ich mich natürlich fragen: Hat ein solcher Prozess überhaupt eine kleine Chance auf Erfolg? Die Einschätzungen der Experten sind eher pessimistisch.

Bevor ein Staat haftbar gemacht werden kann, muss sehr viel geschehen, wie auch andere Fälle zeigen. So reichte Jeannette Brumann, die Mutter der 1993 ermordeten Pasquale Brumann, gegen jene Personen Klage ein, die den Hafturlaub des Mehrfachmörders Erich Hauert befürwortet hatten. Die strafrechtlichen Untersuchungen und Prozesse dauerten jahrelang. Mit dem Resultat, dass alle Beklagten freigesprochen wurden und fünfstellige Prozessentschädigungen erhielten.

Das Gericht hielt den Angeklagten zugute, das Urlaubsgesuch »in gutem Glauben« bewilligt zu haben. Gutgläubigkeit, so befand das Gericht, sei kein Straftatbestand. Die später durch den Kanton Zürich gesprochene – freiwillige – Wiedergutmachungssumme wurde davon abhängig gemacht, dass damit keine Strafanerkennung verbunden sei und dass die Familie auf weitere zivilrechtliche Schritte verzichte. Pasquales Eltern willigten ein und ließen das Geld einer Bestimmung zukommen, von der sie wussten, dass sie im Sinne ihrer Tochter ist. Auch andere Angehörige von Opfern versuchten in den vergangenen Jahren vor den Gerichten Gerechtigkeit zu erlangen. Aber die Bemühungen, Fehler und Versäumnisse nachzuweisen, scheitern fast immer.

Edelsteine

Auch ich wünsche mir Gerechtigkeit. Für mich. Für andere. Damit etwas Ähnliches nicht mehr passieren kann. Der Staat lässt die Muskeln spielen, wenn sich seine Bürger für ihre Rechte wehren und dies mit einer tief greifenden Kritik verbunden ist. Ob ich mich davon beeindrucken lasse, wird sich herausstellen.

An schlechten Tagen fällt mir das Lachen noch immer schwer, die Erinnerungen überfallen mich, und das Atmen ist eine Leistung. Mein Wunsch, hundert Jahre alt zu werden, scheint in solchen Stunden vermessen und absurd. Aber die guten Tage sind auch da, und sie mehren sich. Die Strecke am Lido laufe ich dann fast so schnell wie zuvor, mein Arbeitspensum konnte ich weiter erhöhen. Vor einem Monat besuchte ich zum ersten Mal eine Cocktailparty: unbekannte Menschen, Farben, Lichter, laute Musik. Es war schön.

Damit sich mein Gesundheitszustand nicht erneut verschlechtert, besuche ich weiterhin diverse Trainings und folge brav meiner Psychotherapie. Angst habe ich immer noch, aber sie bezwingt mich nicht mehr. Sie kann sich nicht mehr aufführen, wie sie will, die Angst, und wenn ich sie auffordere zu verschwinden – so wie man einem lästigen Gast bedeutet, den Heimweg anzutreten –, zieht sie sich nun immer öfter folgsam zurück. Die Nacht, in der ich ermordet wurde, nahm mir viel, aber sie gab mir auch etwas: eine Sicherheit im Wissen, dass man Extremsituationen durchstehen, das Unglück überwinden und das Leben unter widrigen Umständen meistern kann.

Seit ich es schaffte, aus dem Schatten meiner Geschichte zu treten, die ich heute als Teil meines Leben akzeptiere, ist mein Weg zudem mit winzigen Edelsteinen gepflastert, die ich wahrnehme und aufhebe. Zufälle, glückliche Fügungen, rätselhafte Begebenheiten werden mir geschenkt. Als würde es eine Gerechtigkeit geben, die mit den Verantwortlichen der irdischen Welt nichts zu tun hat. Als wäre mein Schicksal tatsächlich festgelegt: das Schlagen und Zerren. Die Vernichtung. Und jetzt vielleicht mein Glück?

Die Fahrt auf den Rollerblades war der Auftakt in eine neue Lebensphase, in der auch die Neugierde und das Selbstbewusstsein zurückkehrten. Ich befreite mich von meinen Dämonen, fand den Mut, mich zu äußern, indem ich mich mit den strafrechtlichen Möglichkeiten auseinandersetzte, und schließlich fasste ich den Mut, meine mittelfristige Zukunft zu überdenken. In diesem Sinn setze ich mich auch mit meinem Privatleben auseinander, und den Gedanken, für immer allein zu bleiben, empfinde ich als beruhigend. Und doch gibt es in mir eine unerfüllte Sehnsucht nach Geborgenheit.

Den Glauben an die Liebe konnte Roli nicht vernichten. Aber den Weg, der zur Liebe führt – die Verliebtheit –, halte ich zu diesem Zeitpunkt für ein unnötiges Risiko. Vor allem ängstigen mich die Männer weiterhin mehr als alles andere. Von weitem beobachte ich sie: wie sie gehen, wie sie sprechen. Wie sie charmant sind. Sie erscheinen mir unberechenbar. Die Vorstellung einer neuen Verliebtheit ist ebenso furchtbar wie unerreichbar. Weil die Verliebtheit – egal, welcher Mensch involviert ist – wahllos zu verlaufen scheint. Weil sie sich unwissend über mögliche Gefahren hinwegsetzt. Weil sie nicht unbedingt mit verbindlichen Gefühlen zu tun hat und sich der wahrhaftige Mensch vielleicht erst offenbart, wenn man bereits verstrickt ist und nicht mehr einfach weggehen kann.

Meine Meinung war lange Zeit: Gegen die Verliebtheit sollte es wirksame Medikamente geben. Als Frau und Partnerin sehe ich mich zudem als Zumutung. Die Liebesfähigkeit verschüttet, der Körper von Narben gezeichnet und durch die Vergewaltigung blockiert.

Dann begegnet mir Andi. Er ist ein Mann, und trotzdem sehe ich ihn beinahe sofort als menschliches Wesen. Das ist im August 2008 bereits ein persönlicher Fortschritt und das größtmögliche Kompliment, das ich einem Mann machen kann. Wir nähern uns als Kollegen beim Sport, dann werden wir gute Freunde. Ich lerne ihn als stolzen, feinfühligen und klugen Menschen kennen. Sein Selbstbewusstsein ist intakt, seine Seele unbeschädigt. Aber mein Vertrauen ist nicht mehr einfach vorhanden, sondern muss Schritt für Schritt erarbeitet werden. Ich kann nicht anders, nur so ist meine innere Sicherheit gewährleistet. Andi möchte ich in eine Magnetresonanzröhre legen, bei der auch das Hirn fotografiert wird. Die Vorstellung, dass er, an einen Lügendetektor angeschlossen, vor mir sitzt und meine Fragen beantwortet, gefällt mir.

Aber so intensiv ich über seine Worte und sein Verhalten nachdenke, die Seitenstränge seiner Gedanken analysiere, nach Doppeldeutigkeiten und Unwahrheiten forsche: Ein Mensch ist keine Konstruktion, die sich vermessen und gewichten lässt. Ein Restrisiko bleibt immer vorhanden. Man müsste sich auf das Unbekannte einlassen, der Intuition erneut vertrauen. Das fällt mir unglaublich schwer.

Sollte Andi sich über meine Zurückhaltung wundern, lässt er sich nichts anmerken. So vergehen einige Monate, während meine Genesung voranschreitet und seltsame Blüten treibt. Ende 2008 will ich allein eine Reise unternehmen, meinen Aktionsradius vergrößern, bis es keine Grenzen mehr gibt. Vor meiner Abreise nach Sri Lanka steht eine Entscheidung an, die ich nicht mehr aufschieben will. Ich fürchte, Andi als guten Freund zu verlieren, wenn ich ihn nicht über meine Vergangenheit aufkläre, da er mein Verhalten irgendwann als Zurückweisung interpretieren muss. So erzähle ich ihm alles. Er ist schwer getroffen, zeigt Mitgefühl, stellt Fragen. Die Aussicht, bis ans Lebensende allein zu bleiben, scheint mir ab diesem Moment weniger erfreulich als auch schon.

Als ich am Flughafen von Colombo ankomme, ist es stickig und sehr heiß. Was ich früher liebte, das Unbekannte, fühlt sich jetzt bedrohlich an. Meine Therapeutin sitzt acht Flugstunden entfernt in ihrem Büro. Die telefonischen Verbindungen funktionieren nicht immer, und meine wichtigsten Bezugspersonen sind somit nicht erreichbar. Einen Moment lang gerate ich in Panik. Dann entdecke ich den Reiseleiter in der Menschenmenge. Der arme Mann muss sich mir gegenüber ausweisen und fühlt sich unter meinen misstrauischen Blicken sichtlich unwohl. Er führt mich zu einem klimatisierten Minivan.

Aus Sicherheitsgründen habe ich eine Gruppenreise gebucht. Das Auto ist menschenleer. Und wird es die nächsten zehn Tage auch bleiben, wie mich Mister Sanjtiian aufklärt. Die Vorstellung, als quasi allein reisende Frau in Sri Lanka unterwegs zu sein, treibt mir augenblicklich den Angstschweiß auf die Stirn. Mein erster Impuls ist, sofort in die Schweiz zurückzufliegen. Mit einer Entspannungsübung beruhige ich mich schließlich, und die nächsten Tage erkunde ich beinahe selbständig ein faszinierendes Land: zu dem allerdings auch schwer bewaffnete Militärpatrouillen gehören, die aus dem Nichts auftauchen, und Heerscharen von aufdringlichen Männern, die beim Anblick einer blonden Frau aus dem Häuschen geraten.

Was sich anfänglich als unglückliche Situation darbot, in die ich mich niemals freiwillig begeben hätte, entpuppt sich als glückliche Fügung. Meine Reaktionen und die gelungenen Ausweichmanöver in vielen unangenehmen und mir gefährlich erscheinenden Situationen zeigen mir, wie lebenstauglich ich wieder bin. Voller Elan und neuem Selbstbewusstsein kehre ich nach Hause zurück und weiß: Diese Reise ist ein weiterer Meilenstein auf dem Weg in eine furchtlose Zukunft.

Leben!

Beim Wiedersehen eröffnet mir Andi, er werde seinen vierzigsten Geburtstag im Januar mit einer Party feiern, zu der ich natürlich eingeladen sei. Wir sind beste Freunde, aber es geschah bisher nichts, was uns auch nur annähernd zu einem Liebespaar machen würde. Obwohl wir uns bereits seit Monaten kennen, besuchte ich ihn noch nie bei ihm zu Hause, und meine Wohnung durfte er bis anhin auch nicht betreten. Meine häusliche Privatsphäre ist mir beinahe heilig. Der Gedanke, dass Menschen in meinen vier Wänden Schuhabdrücke, Gedanken und genetische Spuren hinterlassen, flößt mir Angst ein. Die Vorstellung, bei einer Einzelperson eingeladen zu sein, erscheint mir ebenso befremdlich.

Die nächsten Wochen ringe ich mit der Frage, ob ich in einem geschlossen Raum mit vielen unbekannten Menschen nicht zwangsläufig zum Spielverderber werde. Aber Sri Lanka hat mir gutgetan, und so entscheide ich mich erstmals seit der schrecklichen Nacht, einer Einladung in ein fremdes Haus zu folgen. Andi kümmert sich rührend um mich und lässt nichts unversucht, damit ich mich sicher und wohl fühle, was auch gelingt.

Es wird ein wunderbarer Abend mit ihm, seinen Freunden und seiner Familie. Aber mein Herz bleibt ein regloses Organ. Es fühlt sich kühl und glatt an. Als ich zu Hause in der Dunkelheit wach liege, zweifle ich an der Normalität meiner Gefühlswelt, und Traurigkeit ergreift mich. Vielleicht werde ich nie mehr lieben können? Ist es das, was mir Roli in Wirklichkeit rauben wollte?

Weitere Wochen ziehen ins Land, der Frühling steht vor der Tür, und ich nehme mit Einwilligung meines Arztes und meiner Therapeuten an einem Inlineskate-Trainingslager auf Mallorca teil. Es gibt noch freie Plätze. Auf meine Anregung hin entscheidet sich Andi spontan für eine Teilnahme, und so verbringen wir zum ersten Mal sieben Tage am Stück miteinander. Wir sehen uns jede freie Minute und verabschieden uns erst spät am Abend nach dem Schlummertrunk.

Für mich ist es wichtig, zu sehen, wie er sich verhält, wenn wir mit anderen Menschen zusammen sind. Wird er eifersüchtig reagieren, wenn ich mit einem anderen Mann spreche? Kann er sich in die Gruppe einfügen, ohne sich selbst in den Vordergrund zu spielen? Wie verhält er sich beim Sport? Wie ist es, eine Art Alltag mit ihm zu teilen?

Er besteht auch diesen Testlauf mit Bestnoten. Die Tage verbringen wir vertraut und in heiterer Eintracht. Und als die Hoffnung beinahe weg ist, geht in Erfüllung, was ich mir so sehr wünschte: Beim Abschied von Andi am Flughafen Basel ergreift mich bereits die Sehnsucht nach einem Wiedersehen. In den folgenden Tagen erwacht mein Herz aus dem Winterschlaf. Es scheint sich zu räkeln und zu strecken. Ganz leicht und rein fühlt es sich an. Die schwachen Signale werden in den kommenden Wochen stärker und lösen einen regelrechten Gefühlssturm aus. Es ist keine trügerische Verliebtheit, die sich im April 2009 ankündigt, denn diese irreführende Phase übersprang mein Herz wohlweislich.

Andi wird zu meiner großen Liebe. Sie lässt die Vergangenheit verblassen. Mit Andi kommt das Glück zurück. Der erste Kuss? Die erste Nacht? Es war schwierig, in der Zwischenzeit ist all das aber wunderschön. Mein weibliches Selbstbewusstsein ist wieder da, und ich fühle mich geliebt. Wie sehr mir dieser Mangel geschadet hat, realisiere ich erst im Nachhinein.

Im ersten Jahr sind wir nur an den Wochenenden zusammen. Anfänglich benötige ich diese räumliche Distanz, um mich an die physische Nähe zu gewöhnen. Die Intimität des Alltags ergibt sich aus tausend verschiedenen Dingen, aus Banalitäten und Routinen, die zu jeder Beziehung gehören, aber nicht automatisch echtes Vertrauen bedeuten müssen. Bei mir lösen sie anfänglich auch unangenehme Erinnerungen aus. Das gemeinsame Aufstehen, die Einkäufe erledigen, das Kochen und Abwaschen, Berührungen, Umarmungen: So muss jede Handlung eine Fremdartigkeit überwinden, die ich bisher nicht kannte.

Lenkt Andi das Auto, hält er beim Zwiebelschneiden ein Messer in der Hand, will er mich auf den Hals küssen, ergreift mich anfänglich Furcht und Unbehagen. Er versteht ohne Worte. Das Wissen um meine Geschichte und seine Liebe für mich lassen ihn bald instinktiv richtig handeln. Er denkt an mich und beweist mir seine Zuneigung auch in unangenehmen Situationen, ungefragt. Wenn wir in die Tiefgarage treten, geht er voraus, bleibt in der Dunkelheit stehen, wartet, bis das Licht angeht. Begegnet uns im Freien eine Gruppe johlender Jugendlicher, hält er mich fest umschlungen und sucht einen anderen Weg.

An manchen Tagen fühle ich mich ein wenig rätselhaft. Der Schmerz, die Trauer haben mich verändert. Ich benötige viel Zeit für mich. Die innere Ruhe ist mir wichtig geworden. Es gibt sie nicht umsonst, sie muss erarbeitet und erhalten werden. Andi wird zu einem Bestandteil dieser Ruhe. Geborgenheit, die ich ein Leben lang suchte, Ehrlichkeit und ein Vertrauen, von dem ich nicht wusste, dass es in dieser Form existieren kann, bekomme ich von ihm geschenkt. Benehme ich mich bei selten werdenden Gelegenheiten ein wenig seltsam, stellt er keine Fragen. Er respektiert auch die geistigen Freiräume. Diese Liebe ist tiefer als alles, was ich bisher erfahren habe, und so eigenartig es erscheinen mag: Ohne die schreckliche Vergangenheit würde es sie vermutlich nicht geben.

Einem Zufall ist es zu verdanken, dass in der Nähe meiner Wohnung neue Mietobjekte entstehen. Ich informierte mich bereits vor zwei Jahren unverbindlich bei der Bauherrschaft und erhielt die Pläne wenig später. Ich zeige sie Andi eines Abends. Uns beiden ist klar, dass die Entscheidung, zusammenzuziehen, eine Wende in unseren Leben bedeuten wird. Mein Herz macht einen Freudensprung.

Im Sommer 2010 werden wir ein neues Zuhause beziehen, das wir nur mit uns ausfüllen wollen. Bereits verkaufte ich meinen ganzen Hausrat: Kein Kaffeelöffel blieb übrig, nur meine orangefarbenen Bilder, die mich an die schwerste Zeit meines Lebens erinnern, aber auch an den Neuanfang. Als mir Andi gesteht, dass er mich heiraten möchte, bin ich sehr überrascht, sprachlos und glücklich. Ich kann mir mein Leben ohne diesen Menschen nicht mehr vorstellen, und natürlich sage ich Ja.

Um die Zukunftswünsche des anderen wissen wir beide Bescheid. Für Andi ist es die Familie, und auch für mich steht Dodo – das chinesische Wort für Baby – an oberster Stelle. Unser sehnlicher Wunsch nach einem Kind – den ich schon immer hegte, der sich aufgrund unglücklicher Umstände jedoch nie erfüllen ließ – ist der einzige Wermutstropfen in dieser glücklichen Geschichte, denn: Jetzt, da ich einen wunderbaren Partner an meiner Seite weiß, den ich mir als Vater meiner Kinder vorstellen kann, bin ich bald einundvierzig Jahre alt. Ich fühle mich noch jung. Aber wenn ich in den Spiegel blicke, sehe ich eine gereifte Frau. Die vergangenen zwei Jahre haben auch äußerlich Spuren hinterlassen. Feine Linien im Gesicht, die ersten grauen Haare. Die Aura und das Verhalten seien anders, sagen Freunde, die mich seit Ewigkeiten kennen. Gelassener, noch ruhiger als früher, ein wenig verschlossener auch.

In einem ruhigen Moment rechnen wir uns die Chancen auf ein spätes Elternglück aus: Ich schluckte jahrzehntelang die Pille, und man weiß, dass sich der weibliche Körper umstellen muss, wenn das Präparat von einem Tag auf den anderen abgesetzt wird. Mit meiner Fruchtbarkeit wird es nicht zum Besten stehen. Ab dem fünfunddreißigsten Lebensjahr, so las ich zudem in einer Fachzeitschrift, sinken die Chancen auf ein Kind bereits um beinahe sechzig Prozent, und das Risiko, ein behindertes Baby zur Welt zu bringen, erhöht sich in meinem Alter drastisch. Eine Hormonbehandlung oder andere Segnungen der modernen Reproduktionsmedizin sind für uns kein Thema. Mit jedem Monat verstreicht jedoch wertvolle Zeit, Zeit, die ich nicht mehr habe. Die Wahrscheinlichkeit, irgendwann ein Baby in den Armen zu halten, ein Kind aufwachsen zu sehen, ihm Voraussetzungen zu bieten, die ein glückliches Leben ermöglichen, ist gering. Dies muss ich mir traurig, jedoch nicht verzweifelt, eingestehen. Man darf nicht immer mehr wollen. Man muss akzeptieren, was nicht zu ändern ist, und ändern, was machbar ist. Kalendersprüche – sie begleiten mich erneut.

Ende Februar 2010 suche ich meine Gynäkologin auf, da ich in der rechten Brust einen Knoten entdeckte. Sie weiß von meinem Kinderwunsch und fragt mich, ob sie nicht gleich die jährliche gynäkologische Untersuchung und einen Schwangerschaftstest durchführen soll. Ich bin einverstanden und verharre in der Befürchtung, eventuell an Brustkrebs erkrankt zu sein. Meine Ärztin verlässt kurz das Sprechzimmer, und als sie zurückkommt, scheint sie nervös zu sein. Ohne Umschweife erklärt sie, der Test sei positiv. Ich brauche einige Sekunden, bis mich die Hiobsbotschaft wirklich erreicht. Mein erster Gedanke gilt Andi. Wie soll ich ihm diese schlimme Nachricht beibringen? Mein zweiter Gedanke ist: Wie konnte sie diesen Befund so schnell diagnostizieren? Von weitem höre ich die Stimme der Ärztin: »Der Schwangerschaftstest ist positiv, Frau Dill, um den Knoten in Ihrer Brust brauchen Sie sich keine Sorgen zu machen, den können wir getrost der Hormonumstellung zuschreiben. Sie bekommen ein Kind. Herzliche Gratulation!« Ich blicke sie dermaßen perplex und ungläubig an, dass sie zu lächeln beginnt.

Diese Nachricht ist so unfassbar, dass ich mich mit einem Ultraschallbild von der absoluten Wahrheit überzeugen möchte. Nun sehe ich mein acht Wochen altes Kind zum ersten Mal. Ein winziges Herz schlägt in seiner Brust. Ich bin sprachlos. Am Abend überreiche ich Andi einen Briefumschlag mit der ersten Sonografie: »Ein kleines Geschenk für dich.« Als er die Neuigkeit begreift, schließt er mich in seine Arme. Wir weinen zusammen. Es sind Tränen des Glücks. In der Zwischenzeit bin ich im achten Monat.

Die anfängliche Befürchtung, meine körperliche Verfassung könnte negative Auswirkungen auf die Schwangerschaft haben, bestätigt sich nicht. »Dodo« entwickelt sich zur vollen Zufriedenheit meiner Ärztin, und auch die pränatalen Untersuchungen ergaben unauffällige Werte. Wir lieben unser Kind bereits jetzt abgöttisch. Sein Zimmerchen ist bald fertig eingerichtet, die Garderobe liegt parat. Meine Schwiegermutter und meine Schwägerin haben sie gestrickt. Ob unser Kind ein Junge oder ein Mädchen wird, wollen wir nicht wissen, aber seit einigen Wochen suchen wir nach Namen.

Edelsteine säumen meinen zweiten Weg ins Leben zurück. Ich sah sie, hob sie auf und trage sie für immer in meinem Herzen. Positiv liegt die Zukunft vor mir, doch manchmal ergreift mich Ungläubigkeit über die unerwartete Wende meiner Geschichte, die mir wie ein Traum erscheint. Erneut fasse ich Mut und will Rolis Grab besuchen. Ohne Namensbezeichnung liegt seine Urne in einem Gemeinschaftsgrab, wie ich in Erfahrung bringen kann. Einiges will ich ihm mitteilen, er soll nicht das letzte Wort behalten. Seinen Abschiedsbrief will ich zusammen mit meinen schriftlichen Antworten verbrennen und in der Friedhofserde vergraben. Dieses Ritual soll einen Abschluss bilden, die Last erleichtern, mir den langfristigen Weg in eine gute Zukunft ebnen. Meine Gedanken und Gefühle bringe ich zu Papier, und zusammen mit meiner Therapeutin mache ich mich an einem sommerlichen Abend auf den Weg.

Unruhe überkommt mich, seit der schrecklichen Nacht war ich nie mehr in Rickenbach. Der Friedhof ist menschenleer. Als ich über den Kiesweg laufe, erblicke ich das nahe gelegene Wohnhaus, in dem Roli lebte, auch Schauplatz des Verbrechens – und im gleichen Moment beginnen die Kirchenglocken zu läuten. Feierlich, warnend? Ich weiß es nicht. Ohne dass eine Abdankung oder eine andere religiöse Feier stattfinden würde, begleitet mich dieser Klang während der allerletzten Minuten, die ich mit meinem Mörder verbringe. Die kleine Parzelle ist als Steingarten gestaltet. In der Mitte steht ein Monument, am Boden liegen geschmückte Grabplatten. Es ist ein schöner Ort. Ich entfalte das Schreiben und teile Roli mit leiser Stimme mit, was mir wichtig erscheint. Was genau, verrate ich nicht. Nur so viel: Das Leben und die Liebe können nicht erzwungen werden, aber es lohnt sich, dafür zu kämpfen.

Nachtrag im Oktober 2010:

Am 13. August heirateten Andi und ich. Am 29. September brachte ich unseren Sohn zur Welt.

Nachwort

Es war Winter, die Temperaturen lagen unter dem Gefrierpunkt. Nicole Dill trug bei unserem ersten Treffen eine schwarze Lederjacke, dunkle Jeans, Wollhandschuhe. Ernsthaft war der Blick aus graublauen Augen, fein die Gesichtszüge.

Bald lernte ich sie als ruhigen Menschen kennen; jemand der genau nachdenkt, bevor er etwas sagt, keine überstürzten Entscheidungen trifft, keine schnellen Urteile fällt. Die Tat, die ihr Leben für immer veränderte, lag etwas mehr als zwei Jahre zurück. Aber bereits kurz nach dem Verbrechen begann Nicole Dill, die Erlebnisse der verhängnisvollen Nacht schriftlich festzuhalten. Das Papierbündel, das sie der Verlegerin ausgehändigt hatte, war schmal. Beim Durchlesen der Fakten war eine seltsame Distanz spürbar. Es schien, als ringe Nicole Dill um Worte. Um Worte, die dem Erlebten gerecht werden könnten.

Eine Zusammenarbeit konnten wir uns beide gut vorstellen. Nicole musste im Vorfeld die Frage beantworten, ob sie zu einer beinahe fremden Person Vertrauen fassen kann und die Kraft finden wird, um sich erneut intensiv mit den Geschehnissen auseinanderzusetzen. Ich musste mir überlegen, ob ich mich monatelang mit einem Gewaltverbrechen und den schwerwiegenden Konsequenzen befassen will und was der Zweck dieser Arbeit sein soll.

Die Entscheidung fiel uns letztlich nicht schwer, und Ende Januar verbrachten wir eine Woche in Flüeli-Ranft – einem einsam gelegenen Bergdorf im Kanton Obwalden. In meinem Gepäck befanden sich viele Gedanken, fünfhundert vorbereitete Fragen und ein Aufnahmegerät. Unzählige Interviewstunden sollten die Grundlage eines Buches bilden, das die tragischen Ereignisse aus der Sicht des Opfers aufarbeitet, Angst, Schmerz und Trauer nachvollziehbar macht, die Statisten des Dramas charakterisiert und Fragen stellt, die sich in Zusammenhang mit dem angekündeten Drama aufdrängen.

Unterbrochen von kleinen Mahlzeiten und einem einzigen Spaziergang durch das menschenleere Dorf, saßen wir von frühmorgens bis spätabends in einem dunkel möblierten Saal, den uns das Hotel zur Verfügung gestellt hatte. Wir waren die einzigen Gäste im Haus. Vor den Fenstern lauerte eine eisige und lautlose Landschaft. Eine dumpfe Nebeldecke versperrte den Blick ins Tal. Auf dem langen Tisch standen ein Kerzenleuchter, Wasserflaschen und Kaffeetassen. Über vierzig Stunden lang beantwortete Nicole Dill alle Fragen und rekapitulierte das Geschehene minutiös. Ihr Leben vor dem Verbrechen. Die Bekanntschaft mit Roli. Die Beziehung. Ihre Vernichtung. Die Todesangst. Das Überleben. Die schwierige Rückkehr ins Leben.

Bei besonders schmerzhaften Momenten oder wenn die Erinnerungen einen inneren Strudel auszulösen drohten, hielt sie inne, versank kurz in sich selbst. Längere Erholungspausen lehnte sie ab. »Ich möchte weitererzählen«, sagte sie mehr als einmal. Sie wisse, dass mit dem Artikulieren der Katastrophe nicht automatisch eine Katharsis verbunden sei, das wäre zu einfach. Zum Zeitpunkt unserer Gespräche, die in Absprache mit ihrer Therapeutin stattfanden, hatte sie bereits einen weiten Weg zurückgelegt, Krisen überstanden, Einsichten gewonnen, und der Genesungsprozess schritt voran. Die negativen

Konsequenzen, die mit dem Schritt an die Öffentlichkeit verbunden sein können, ängstigten sie nicht. Sie sehe dies – genauso wie die eingeleiteten rechtlichen Schritte – als Bestandteil eines Prozesses, den man Selbstermächtigung nenne: Sich zu wehren, sich zu äußern, bedeute, aus der Opferrolle herauszutreten, das bestätigten auch die konsultierten Experten.

Im Reisegepäck führte Nicole Dill Unterlagen mit, von denen sie mir bereits bei den ersten Treffen erzählt hatte. Ordner und Aktenbündel mit polizeilichen Vernehmungen, forensische Gutachten aus zwei Jahrzehnten und Dokumente ihrer eigenen Bemühungen, »Gerechtigkeit zu erhalten«, wie sie sagte. Erst im Verlauf der Monate habe sie realisiert, dass sie in ein Verbrechen verwickelt worden sei, das wenn nicht ihr, dann mit Sicherheit einer anderen Frau das Leben gekostet hätte. »Ein dicht gewobenes Netz aus Mitwissern deckte Roland A., den Mörder, deckte den Patienten, deckte den Wiederholungstäter«, zog Nicole Dill in den Gesprächen Bilanz.

Während der Niederschrift dieses Buches befasste ich mich intensiv mit offiziellen und inoffiziellen Unterlagen, sichtete Hunderte von Seiten Material, stellte weitere Recherchen an, kam zu neuen Erkenntnissen und wunderte mich über die Art und Weise, wie die zuständigen kantonalen Stellen mit der Thematik und unangenehmen Fragen umgingen. Gespräche und Interviewtermine wurden verweigert und vereitelt, ein in der Zwischenzeit pensionierter Polizeibeamter, der den Täter seit Kindsbeinen kannte und eine Schlüsselrolle in der letzten Befragung gespielt hatte, erhielt ein Redeverbot. Das Bedürfnis, Fehler und Versäumnisse, die das Verbrechen begünstigt hatten, künftig zu vermeiden, schien gering. Die Fragen blieben bestehen, auch aufgrund neuer Verbrechen, die in der Schweiz für Aufsehen sorgten. Wieso werden Haftentlassungsauflagen nicht besser kontrolliert? Wieso wurden die zuständigen Instanzen im Fall von Nicole Dill nicht tätig, als ein neues psychiatrisch-forensisches Gutachten auf die Gefährlichkeit des Wiederholungstäters hinwies? Wieso erhielt Nicole Dill bei den offiziellen Stellen keine Auskunft, als sie Informationen über ihren Partner einholen wollte? Wie zuverlässig sind psychiatrische Risikoanalysen, und kann man die Gefährlichkeit eines Täters wirklich langfristig prognostizieren? Um diese Fragen zu beantworten, führte ich ausführliche Gespräche mit renommierten Experten auf den jeweiligen Gebieten. Sie liefern – im folgenden Teil dieses Buches – aufschlussreiche Antworten, die andere bisher schuldig geblieben sind.

Ein Buch, das aus der Sicht des Opfers geschrieben ist, vernachlässigt unter Umständen die Optik und die Geschichte des Täters. Roland A. konnte nicht mehr befragt werden, er brachte sich kurz nach der Tat in der Untersuchungshaft um. In einem umfassenden Kapitel wird seine Geschichte aufgearbeitet. Sein Unwille, sich zu verändern, wird ersichtlich, aber es lassen sich auch Versäumnisse der Justiz und der Psychiatrie erahnen, die möglicherweise zum Tod von Roland A. beigetragen haben. Die Auswertung von statistischem Material ergab Erstaunliches: In der Schweiz werden pro Jahr über siebenhundert Menschen Opfer von Tötungsdelikten und Tötungsversuchen. Über zweitausend gewalttätige Männer und Frauen wurden über einen Zeitraum von drei Jahren (2003) als rückfällige Täter und Täterinnen verurteilt. Nicole Dills Frage, wie viele gefährlich bleibende Menschen wohl unter uns leben, ist berechtigt. Denn nur bei einem kleineren Teil der Entlassenen fand eine Therapie statt, und ob diese Erfolg hatte oder nicht, wird bei der Haftentlassung längst nicht immer geprüft. Das breite Mittelfeld der gewalttätigen Täter gibt der Psychiatrie und der Justiz heute die größten Probleme auf. Beinahe zwangsläufig führen Zahlen und Fakten auch zu Fragen rund um die schwierige Umsetzung der Verwahrungsinitiative und um die psychiatrischen, richterlichen sowie ethischen Probleme, die sich dabei stellen.

Am Ende unseres Arbeitsaufenthaltes in den Bergen waren Nicole Dill und ich so etwas wie Freundinnen geworden. Ich wusste nun, dass sie nicht gerne im Aufzug fährt und ihr neues Glück Andi heißt, und ich drückte den Lichtschalter, bevor sie den ersten Schritt in den dunklen Korridor machen musste, der zu unseren Zimmern führte. In den folgenden Monaten blieben wir in Kontakt, telefonierten, trafen uns, um weitere Fragen und das Manuskript zu besprechen. Einmal erzählte sie, dass sie sich mit dem Gedanken trage, eine Staatshaftungsklage einzureichen. Beim nächsten Mal berichtete sie überglücklich von der Schwangerschaft, der neuen, schönen Wohnung, der baldigen Heirat. In der Zwischenzeit lag das Buch beinahe fertig geschrieben auf dem Tisch, und in Flüeli Ranft hatte der Sommer Einzug gehalten.

Franziska K. Müller, im Juli 2010

Chronologie angekündeter Dramen

2010: Die Ermordung des fünfjährigen Florian durch seinen Vater Gustav G. hätte vielleicht verhindert werden können.

Vor zwanzig Jahren war der heute sechzigjährige Gustav G. wegen Mordversuchs an seinem damals dreizehnjährigen Sohn zu einer mehrjährigen Zuchthausstrafe verurteilt worden. Der Sohn überlebte knapp, blieb aber schwerstbehindert und sagte im Nachhinein zur Tat seines Vaters: »Er wollte mich umbringen, um meiner Mutter zu schaden.«

Nach seiner Entlassung ging Gustav G. eine neue Beziehung zu einer Brasilianerin ein. Als sie sich von ihm trennte, verlief der Kontakt problematisch, und das gemeinsame Kind Florian wurde in zwei verschiedenen Pflegefamilien platziert. Beide Familien gaben diese Mandate aufgrund andauernder Schwierigkeiten mit beiden Elternteilen wieder ab.

Trotz partnerschaftlicher Turbulenzen, die bereits in Gustav G.s erster Ehe in einer Katastrophe geendet hatten, entschieden die Vormundschaftsbehörden von Bonstetten ZH im Jahr 2008, dass der Junge in die Obhut seines Vaters gelangen sollte. Die Warnungen von Florians älterem Halbbruder – der sich verschiedentlich bei den Verantwortlichen meldete und auf seine eigene Geschichte aufmerksam machte und entschieden von der Platzierung Florians bei ebendiesem Vater abriet – wurden nicht beachtet.

Nach dem Tod des Fünfjährigen sagten die Behörden sinngemäß: Sie hätten den Vater als fürsorglich, ruhig und gutwillig erlebt. Was genau die Tat ausgelöst habe, sei unklar. Der Vater habe zwar kurz vor der Tat – es war Ferienzeit – wiederholt die Befürchtung geäußert, seine brasilianische Exgefährtin könnte das Kind ins Ausland entführen. Eine Rückfallgefahr habe man aufgrund einer umfassenden psychiatrischen Analyse jedoch ausgeschlossen.

Die Mutter des Kindes erhob später schwere Vorwürfe gegen die Gemeinde Bonstetten. Sie hatte das Sorgerecht für ihren Sohn ebenfalls beantragt und Bedenken gegenüber Gustav G. als Erziehungsberechtigtem geäußert. Ihre Einwände seien jedoch ignoriert worden. Das Genugtuungsbegehren der Mutter wurde von der Gemeinde Bonstetten abgewiesen. Justizdirektor Markus Notter beauftragte im April 2010 einen externen Gutachter mit einem Bericht. Genauer abgeklärt werden soll, ob die Gemeinde Bonstetten einer möglichen Gefährdung des Kindes durch den Vater genügend Rechnung getragen hat.

2009: Das Verbrechen an der sechzehnjährigen Lucie Trezzini sorgte schweizweit für Schlagzeilen. Ihr Mörder war ein verurteilter Gewaltverbrecher, der im Jahr 2003 eine junge Frau dermaßen brutal attackiert hatte, dass sie nur knapp überlebte. Nach vier Jahren in einer sogenannten Arbeitserziehungsanstalt war Daniel H. ab August 2008 wieder in Freiheit, erneut auf Bewährung. Ein neues psychiatrisches Gutachten war vor der Freilassung nicht verlangt worden. Ein solches hätte aufzeigen können, dass die angeordnete Therapie den gewünschten Erfolg nicht gebracht hatte und ein Rückfall in die Drogen befürchtet werden musste.

Die Einrichtung stellte Daniel H. bei der Entlassung »sehr gute Prognosen«. Die dabei genannte Einschränkung, diese Prognose gelte nur, wenn Daniel H. in Freiheit auf den Konsum von Drogen und Alkohol verzichte, wurde offenbar nicht genügend ernst genommen und die Auflagen zu wenig kontrolliert: Daniel H. konnte die angeordneten Urinkontrollen bei seinem Hausarzt ohne Konsequenzen platzen lassen. Die Bewährungshelferin, mit der er in regelmäßigem Kontakt stand, will im Verhalten des Fünfundzwanzigjährigen monatelang keine Auffälligkeiten bemerkt haben. Erst als ihr Daniel H. selbst sagte, er sei wieder in die harten Drogen abgeglitten, wurde zu einer Entziehungskur geraten. Da sich der gelernte Koch beim vereinbarten Termin eine halbe Stunde verspätete, schickte man ihn wieder nach Hause. Einen Tag später sprach er das Au-pair Lucie Trezzini an und lockte die junge Frau unter einem Vorwand in seine Wohnung in Rieden AG. Dort erschlug er sie im Drogenrausch, wie heute vermutet wird. Als Grund für die Tötung gab Daniel H. an, er habe ins Gefängnis zurückgewollt.

Eine externe Administrativuntersuchung, welche die Aargauer Regierung in Auftrag gegeben hatte, deckte zwar mehrere »Schwachstellen« im Maßnahmevollzug auf, ein individuelles Fehlverhalten der Mitarbeiter des Maßnahmevollzuges oder der Bewährungshilfe war laut dem Bericht aber nicht feststellbar. Die Familie von Lucie Trezzini will die Verantwortlichen aus dem Straf- und Maßnahmevollzug belangen und reichte 2010 Strafanzeige wegen fahrlässiger Tötung ein.

2007: Der damals dreiundfünfzigjährige Bernardo T. tötete einen Taxichauffeur in Wetzikon ZH mit einem Messerstich in den Hals. Der Tod des Fünfundzwanzigjährigen wurde später durch die untersuchenden Behörden als »Verkettung von sehr vielen unglücklichen Umständen« bezeichnet.

Tatsächlich war der Täter der Polizei und der Psychiatrie seit vielen Jahren bekannt. Bereits einmal – im Jahr 2002 – hatte Bernardo T. einen Menschen mit einem Messer verletzt, was dazu geführt hatte, dass der psychisch kranke Mann zwei Jahre später einer stationären Maßnahme zugeführt wurde. Nach einem Jahr befand er sich bereits wieder in Freiheit und konsumierte wieder Drogen und Alkohol. Im daraufhin durch das Zürcher Obergericht angeordnete Gutachten wurde ein hirnorganischer Schaden festgestellt. Bernardo T. müsse als »gemeingefährlich« eingestuft werden. Wenige Wochen bevor es zur erneuten Katastrophe kam, verlangte das Obergericht die Verhaftung des Mannes. Da eine Verhaftung ausblieb, der Mann aber kurz darauf an seinem Wohnort randalierte, wurde nun ein Fürsorgerischer Freiheitsentzug angeordnet. Zum zehnten Mal in seinem Leben saß Bernardo T. daraufhin in einer psychiatrischen Klinik, wollte diese aber so schnell wie möglich wieder verlassen.

Der mit einem Gutachten beauftragte Psychiater kam zu einem positiven Entscheid. Er fand Bernardo T. »sympathisch« und »glaubte« nicht, dass Risiken für sein soziales Umfeld bestünden. In Freiheit würde er zudem von seiner Mutter betreut. Die Mutter sagte im Nachhinein: »Ich wurde in dieser Sache nicht konsultiert, sonst hätte ich den Verantwortlichen gesagt, dass ich gegen eine Entlassung bin, da mein Sohn krank ist.« Aufgrund des positiven Gutachtens veranlasste der zuständige Richter die sofortige Freilassung von Bernardo T. Neun Tage später war der junge Taxifahrer tot.

Die von einer Gruppe aus Oberstaatsanwaltschaft und Obergericht im Sommer 2008 erlassenen Maßnahmen, um Ähnliches künftig zu verhindern, wurden in der Zwischenzeit umgesetzt.

Die neuen Regelungen verbessern vor allem den Informationsaustausch zwischen Psychiatrie, Polizei, Gerichten und weiteren Justizbehörden. Die Verfahren gegen mehrere kantonale Beamte, darunter auch einen Oberrichter, wurden in der Zwischenzeit eingestellt. Der begutachtende Psychiater wurde ebenfalls freigesprochen. Ihm könne keine fahrlässige Tötung nachgewiesen werden, befand das Gericht.

1993: Die zwanzigjährige Pfadiführerin Pasquale Brumann wurde durch einen verurteilten Sexualmörder und Serienvergewaltiger ermordet, der sich auf einem unbegleiteten Hafturlaub befand. Als »extrem gefährlich« eingestuft, wurde Erich Hauert 1983 zu einer lebenslangen Zuchthausstrafe verurteilt. Einen Tag vor dem Mord an Pasquale Brumann hatte das Zürcher Justizdepartement allerdings sein Freigangsgesuch bewilligt.

Jeannette Brumann, die Mutter des Opfers, führte gegen den Kanton Zürich einen Staatshaftungsprozess, der vor dem Bundesgericht endete. Geklagt wurde gegen die Entscheidungsträger, die Hauerts Urlaub zu verantworten hatten. Der Rechtsstreit dauerte Jahre, erregte landesweit Aufsehen und schrieb Geschichte. Jedoch: Alle Beklagten wurden freigesprochen und erhielten fünfstellige Prozessentschädigungssummen zugesprochen. Das Urlaubsgesuch sei von den Angeklagten »in gutem Glauben« bewilligt worden. Gutgläubigkeit, so befand das Gericht, sei kein Straftatbestand.

Später bezahlte der Kanton Zürich der Familie Brumann eine »freiwillige« Wiedergutmachungssumme von über einer Million Franken. Die Zahlung wurde davon abhängig gemacht, dass damit keine Schuldanerkennung verbunden sei und man auf weitere zivilrechtliche Schritte verzichte. Die

Familie ließ das Geld einer Bestimmung zukommen, von der sie wussten, dass diese im Sinn ihrer verstorbenen Tochter ist.

Der »Mord am Zollikerberg« hatte Konsequenzen: Die Opferrechte wurden verbessert, das geltende Verwahrungsrecht infrage gestellt und restriktivere Urlaubs- und Entlassungsvorschriften für Sexualstraftäter eingeführt. Jeannette Brumanns Kampf gegen die Justiz trug zudem maßgeblich dazu bei, dass die »Verwahrungsinitiative« mit rund zweihunderttausend Unterschriften zustande kam. 1996 wurde Erich Hauert zu einer lebenslangen Zuchthausstrafe verurteilt und die Verwahrung auf unbestimmte Zeit angeordnet. Das 2010 von Erich Hauert gestellte Begehren auf Umwandlung dieser Strafe in eine stationäre Maßnahme wurde im April 2010 vom Zürcher Obergericht abgelehnt.

Interviews

»Die Schuld liegt beim Täter – nicht beim Opfer«
Frank Urbaniok, forensischer Psychiater, Zürich

»Der Mensch ist ein unberechenbares Wesen«
Marianne Heer, Oberrichterin, Luzern, und
Marcel Alexander Niggli, Strafrechtsprofessor, Fribourg

»Wo viel Leid ist, ist auch viel Menschlichkeit«
Josef Wilfling, ehemaliger Leiter der Münchner Mordkommission

»Die Schuld liegt beim Täter – nicht beim Opfer«

Der renommierteste forensische Psychiater der Schweiz, Frank Urbaniok, nimmt Stellung zum Fall Nicole Dill und erklärt, weshalb viele Gewalt- und Sexualstraftäter untherapiert auf freiem Fuß leben.

Nicole Dill wandte sich Hilfe suchend an Roland A.s Hausarzt und die Polizei. Trotzdem erhielt sie keine Informationen über die mörderische Vergangenheit ihres Partners, obwohl die kontaktierten Stellen Bescheid wussten: Wie beurteilen Sie dieses Verhalten?
Frank Urbaniok: Der Datenschutz darf kein Dogma sein. Wenn es um eine schwere Gefährdung geht, muss der Opferschutz Vorrang haben. Wir haben die Zürcher Opferschutz-Charta entwickelt. Dort gibt es einen Punkt, bei dem es um den Vorrang des Opferschutzes gegenüber dem Datenschutz geht. Dieses Problem gibt es in vielen Bereichen, beispielsweise auch bei pädophilen Lehrpersonen, die am nächsten Arbeitsort theoretisch erneut Kinder missbrauchen können. Es sollte den Verantwortlichen möglich sein, Informationen über bestehende Risiken weiterzugeben. Im Übrigen müssen Anzeichen der Gefährlichkeit – Drohungen oder häusliche Gewalt – verstärkt als Risiko wahrgenommen und abgeklärt werden. Auch hier müssten zugunsten potenzieller Opfer Risikoanalysen zu den Tätern gemacht werden.

Gibt es andere Punkte im geschilderten Fall, die Sie stutzig machen?
Wenn das Risiko bekannt war, frage ich mich natürlich, warum dieser Mann überhaupt in Freiheit war, ob er therapiert oder in ein Monitoring eingebunden war.

Das letzte Gutachten, es datiert aus dem Jahr 2007, revidierte die früher gemachten Diagnosen in negativer Art und Weise. Die Rückfallgefahr wurde nun als hoch eingeschätzt, es sei mit massiven Drohungen und Gewaltanwendung – insbesondere auch gegen mögliche neue Partnerinnen – zu rechnen. Man riet zu einer erneuten Therapie, gegen eine gleichzeitige Maßnahme sei nichts einzuwenden. Das Gutachten ging im Januar 2007 beim zuständigen Amtsstatthalteramt ein. Gehandelt wurde nicht, angeblich weil ein laufendes Strafverfahren – ebenfalls in Zusammenhang mit einer ehemaligen Partnerin des Täters – noch nicht abgeschlossen war. Monate später kam es zur erneuten Katastrophe. Was sagen Sie zu diesem Verlauf?
Natürlich kann ich den Fall ohne genaue Aktenkenntnis nicht abschließend einschätzen. Es überrascht mich aber nicht, dass das neue Delikt nicht aus heiterhellem Himmel geschah. Solche Taten haben praktisch immer einen Vorlauf. In diesem Fall gab es ja sogar ein früheres Tötungsdelikt. Wenn das Schuldeingeständnis fehlt, was – meines Wissens – bei diesem Täter offenbar zum Zeitpunkt der vorzeitigen Haftentlassung der Fall war, ist das bereits ein sehr schwieriger Punkt. Auch bei den anscheinend nach der Haftentlassung ausgeübten Drohungen ist es nicht damit getan, dass der Täter eine Geldstrafe bezahlen muss. In einem solchen Fall muss man abklären, ob hinter der Drohung eine Person mit einer Risikodisposition steht. Eine Frage, die sich in diesem Fall zumindest für jene,

die seine Vorgeschichte kannten, hätte aufdrängen müssen. Es stehen sicherlich einige Fragen im Raum

Sprengt es nicht den Rahmen, wenn bei jeder Drohung eine Risikoanalyse vorgenommen werden muss?
Die meisten Drohungen sind harmlos. Ob eine Risikoabklärung sinnvoll ist, hängt von der Person ab, die eine Drohung ausspricht, von ihrem Vorleben und auch davon, ob es in der Vergangenheit schon Gewalttaten gab. Für solche Fälle mit einem möglichen, unmittelbaren Risiko kämen auch sogenannte Kurzgutachten infrage.

Was weiß man über die Täter-Opfer-Beziehung im Bereich der partnerschaftlichen Gewalt?
Es gibt die Theorie, dass Menschen, die Gewalt bereits im Elternhaus erfahren haben, ähnliche Muster in der Beziehung suchen. Eher ist es aber so, dass sich gewalttätige Partner – zumindest zu Beginn – sehr gekonnt verstellen, sodass sie nicht als Gewalttäter erkennbar sind. In jedem Fall liegt die Schuld aber beim Täter und nicht beim Opfer.

Welche Erklärungen gibt es, wenn die vielen Anzeichen und Umstände in der Katastrophe enden? Muss man sagen: Es passieren Fehler? Nicht alles ist zu hundert Prozent sicher abschätzbar? Oder sind solche Sätze zynisch?
Es gibt sehr unglückliche Fälle, in denen die Verantwortlichen nach bestem Wissen und Gewissen handeln und das Restrisiko zu einem Delikt führt. Aber es gibt natürlich auch Fälle, in denen Dinge schieflaufen. Und da sollte es im Interesse aller sein, genaue Analysen und Abklärungen durchzuführen, damit mögliche Versäumnisse und Fehler erkannt werden, damit sie in Zukunft nicht mehr vorkommen können.

Auch andere Fälle sorgten in der Schweiz in jüngster Zeit für Schlagzeilen und offene Fragen: Einer betraf die sechzehnjährige Lucie Trezzini, die im März 2009 ermordet wurde. Daniel H. wurde vorzeitig aus der Haft entlassen. Die begleitende Bewährungshelferin will monatelang nichts von seiner erneuten Drogensucht bemerkt haben. Ein schwerwiegender Fehler?
Die Bewährungshelfer stehen am Schluss der Kette, so nach dem Motto: Den Letzten beißen die Hunde. Aus meiner Sicht ist es fraglich, ob das primäre Problem von Daniel H. die Sucht war. Er hatte auch sein erstes Opfer unter einem Vorwand an einen abgelegenen Ort gebracht, und dann fand dort die Tat statt. Ich sehe nicht, wie dieses Vorgehen mit einem Suchtproblem zu erklären ist. Wenn das Suchtproblem das Deliktverhalten nicht erklärt, dann kann man die Bewährungshilfe durchaus in Schutz nehmen, weil der Fall vielleicht von Anfang an auf die falsche Bahn gesetzt worden war.

Wer ist letztlich verantwortlich?
Eine schwierige Frage. Ich kenne zahlreiche Fälle, bei denen viele Dinge tragisch und manchmal auch falsch gelaufen sind. Aber es gibt selten die eine Ursache. Manchmal ist es so, dass beteiligte Personen nicht daran denken, dass so etwas geschehen kann, sie den falschen Blickwinkel haben. Oder es kommt vor, dass die Personen, die beurteilen und Entscheidungen fällen müssen, nicht die richtigen Informationen haben. Manchmal fehlt es an Professionalität; es kommt auch vor, dass Risikoanalysen zu spät oder gar nicht erstellt werden. Ich vertrete absolut den Standpunkt, dass, was vermieden werden kann, vermieden werden muss, weil die Folgen zu dramatisch sind. Aber eben: Eine hundertprozentige Sicherheit ist in der Praxis nicht erreichbar.

Seit der Verwahrungsinitiative spricht man viel von den unheilbaren Extremfällen. Lenkt dies vom Umstand ab, dass sehr viele Täter therapierbar sind?
In der Tat sind Extremtäter vom Schlage eines Erich Hauert oder eines Werner Ferrari nicht repräsentativ. Das Problem mit den anderen, quasi »normalen« Gewalt- und Sexualstraftätern besteht darin, dass sie meist eine endliche Strafe absitzen. Neunundneunzig Prozent aller Gewalt- und Sexualstraftäter sind nach einigen Jahren also wieder draußen.

Was bedeutet dies für die Bevölkerung?
Die Bevölkerung ist sich nicht bewusst, dass alle diese Menschen über kurz oder lang wieder in Freiheit sind. Und bei diesen Tätern gibt es zur Therapie gar keine Alternative. Es geht dann nur um die Frage, wird der Täter therapiert oder nicht? Aber in Freiheit ist er sowieso.

Es werden also nicht alle Gewalt- und Sexualstraftäter therapiert?
Nein, nur ein Teil. Bei einem geringen Risiko ist dies auch nicht nötig. Aber auch von jenen Tätern, bei denen eine Therapie aufgrund des Risikos sinnvoll wäre, werden längst nicht alle therapiert.

Wieso werden nicht alle rückfallgefährdeten Täter behandelt?
In dieser Hinsicht unterscheiden sich die einzelnen Regionen der Schweiz stark.

Es gibt also keine allgemein gültige gesetzliche Verbindlichkeit, dies tun zu müssen?
Nein. Zwar hat die Schweiz, verglichen mit anderen Ländern, bessere gesetzliche Grundlagen, um therapeutische Maßnah-

men anzuordnen. Das wird beispielsweise in Deutschland als nachahmenswert angesehen und hat zu einer Gesetzesinitiative geführt. Konkret hängt die Praxis aber davon ab, ob die Täter überhaupt begutachtet werden, was der Gutachter empfiehlt, ob das Gericht dem folgt und ob es in der entsprechenden Region innerhalb und vor allem außerhalb der Vollzugsanstalt spezialisierte Therapieangebote gibt. Das ist, wie gesagt, regional höchst unterschiedlich.

Was macht jemanden schließlich zum Mörder: Spielt die Kindheit eine so große Rolle, wie man immer sagt?
Das ist unterschiedlich. Aber grundsätzlich kann man sagen, dass bei einem Drittel der Täter die Kindheit eine Rolle zu spielen scheint und beim Rest nicht. Es trifft nicht zu, dass alle Gewalttäter eine schlimme Kindheit gehabt haben.

Welche Rolle spielt die Mutter-Sohn-Beziehung im Leben eines Straftäters?
Von diesem Bild der grausamen, dominanten Mutter, die den Sohn zu einem Mörder macht, halte ich gar nichts. Es entspricht einer Tendenz, die Erklärungen außerhalb des Täters zu suchen, im Sinn von: Der Täter ist nicht schuld. Die Gründe liegen aber meist in der Person des Täters und nicht bei anderen Personen.

Dann gibt es das Böse tatsächlich?
Mit solchen Begriffen operiere ich nicht gern. Mich interessieren eher die Fragen: Wie hoch ist das Risiko, und wie gut oder wie schlecht ist dieses Risiko veränderbar? Aber es gibt sicher grundlegende Dispositionen der Persönlichkeit, die sich ausbilden, und dann gibt es auch Entscheidungen, auf diesem negativen Weg zu bleiben, es zu genießen und auszubauen.

Wenn man vom freien Willen spricht: Es gibt doch Tausende von Menschen, die das Schlechte in sich zu kontrollieren wissen und nie auffällig werden – weil sie sich dagegen entschieden haben?
Vermutlich ist es so: Man kann sich die psychische »Grundausstattung« eines Menschen wie eine Autobahn vorstellen. Der Mensch kann sich zwischen den Planken bewegen, und er kann sich normalerweise durchaus entscheiden, ob er sich auf der linken oder der rechten Seite der Fahrbahn aufhalten will. Das macht einen großen Unterschied. Aber die Autobahn wechseln kann er nicht.

Hat die Entscheidung, zu den Guten gehören zu wollen, etwas mit Intelligenz tu tun?
Nein, eher spielen Problem- und Verantwortungsbewusstsein eine Rolle.

Ist dies auch die Antwort darauf, wieso die meisten schwer misshandelten und gedemütigten Kinder im Erwachsenenleben – wie bereits angedeutet – komplett unauffällig bleiben, andere jedoch schreckliche Taten begehen?
Nur wenige von denen, die eine schlimme Kindheit hatten, werden später kriminell. Und in unseren Studien finden wir zwei Drittel der Straftäter, die eine völlig unauffällige Kindheit hatten. Was man aber nicht vergessen darf: Auch Kinder haben bereits einen Charakter, sie kommen quasi mit einer bestimmten Hardware zur Welt. Durch Erziehung kann viel gefördert oder auch viel kaputt gemacht werden, aber die grundlegenden Voraussetzungen sind wohl wenig veränderbar.

In diesem Sinn spricht man von alarmierenden Verhaltensweisen, die sich unter Umständen früh manifestieren können:

Wenn ein Junge seinen kleinen Bruder aus dem Fenster stößt und das behindert bleibende Kind in den folgenden Jahren quält und misshandelt: Müssten bei den Erziehungsberechtigten nicht die Alarmglocken schrillen?
Dieses Verhalten ist natürlich gravierend, sehr schlimm und sprengt sicherlich den Rahmen normaler Verhaltensweisen. Gewisse Problematiken beginnen sehr früh. Sie zeigen sich beispielsweise in einer Kombination von Grausamkeit und mangelndem Einfühlungsvermögen, auch pathologisches Lügen gehört dazu. Eltern und Lehrer sind in solchen Fällen oft machtlos und manchmal auch doppelt gestraft, weil die Gesellschaft die Erziehungsberechtigten schuldig spricht für das Verhalten der Kinder. Dabei haben die Einflüsse von außen bei solchen Problematiken oft nur einen geringen oder gar keinen Einfluss.

Gerade aus der neurobiologischen Forschung kommen vermehrt Meldungen, wonach die Psychopathie auf eine Schädigung des Gehirns zurückzuführen sei und man dementsprechend von einer angeborenen Behinderung sprechen kann: Was halten Sie von diesem Ansatz?
Bei solchen Befunden ist Vorsicht geboten. Bei diesen Studien gibt es viele methodische Probleme. Zum Beispiel weiß man nicht, ob die Veränderungen im Gehirn Ursache oder Folge einer Störung sind. Zudem gibt es Personen, die gewisse Defizite haben, jedoch völlig unauffällig bleiben. Zusammenfassend kann man sagen, bei der ausgeprägten Psychopathie stellt sich die Frage, ob sie therapierbar ist oder nicht, aber der Automatismus zwischen vermeintlichen Defiziten und Straftaten ist so nicht belegt.

Sie unterscheiden zwischen dem Persönlichkeitstäter und dem Situationstäter: Aus welchen Gründen ist diese Unterscheidung so wichtig?
Wir haben es fast ausschließlich mit Persönlichkeitstätern zu tun, bei denen soziale Ursachen oder Lebensumstände eine geringe bis gar keine Rolle für das Deliktverhalten spielen. Die sind also durch gesellschaftliche Umstände sehr wenig beeinflussbar, weil das Problem in der Persönlichkeit liegt und nicht in der Situation.

Im Vorfeld der Verwahrungsinitiative monierten die Gegner, bei der Beurteilung, ob ein Täter gefährlich und daher präventiv inhaftiert bleiben müsse, handle es sich um eine rechtsstaatliche Gratwanderung. Was antworten Sie?
Die Verwahrungsinitiative führte zu einer emotionalen und auch weltanschaulichen Diskussion. Was die Initiative bewiesen hat, ist, dass es für Opferschutzanliegen eine politische Mehrheit gibt. Ich bin dafür, dass man untherapierbare Menschen lebenslang wegsperrt, wenn ihre Gefährlichkeit sehr groß ist. Grundsätzlich hat die Gesellschaft ein Recht, vor hochgefährlichen, nicht therapierbaren Tätern geschützt zu werden. Bei den entsprechenden Risikobeurteilungen geht es auch um ein Abwägen von Chancen und Risiken. Man kann heute sehr genaue Prognosen stellen, es handelt sich aber stets um Wahrscheinlichkeitsaussagen. Im Zweifelsfall sollte bei hohen Risiken zugunsten der öffentlichen Sicherheit entschieden werden. In diesem Sinn kann ich bestimmte Argumente der Gegner nicht nachvollziehen. Beispielsweise: Jeder hat eine zweite Chance verdient. Auch das ist eine Frage der Verhältnismäßigkeit, weil die Interessen der Opfer und der potenziellen Opfer mindestens genauso wichtig sein sollten wie jene der Täter.

In der Praxis geschieht eher das Gegenteil, wie ein Blick in die Statistiken zu den Verwahrungen zeigt. Wurden vor der Initiative noch jährlich zwanzig Täter verwahrt, waren es im Jahr 2008 nur zwei Personen.

Bei den lebenslangen Verwahrungen ist die Bilanz sogar so, dass keine einzige ausgesprochen wurde, seit die Initiative als umgesetzt gilt. Dafür ist weniger die Angst vor dem Risiko ausschlaggebend, dass die falschen Leute für immer hinter Gitter gehen. Denn Personen, die für eine solche Maßnahme infrage kommen, sind mit so schwerwiegenden Delikten belastet, dass es kein Problem darstellt, ihre Gefährlichkeit zu erkennen. Es ist eher eine Frage der Mentalität, ob die Richter jemanden schon zum Urteilszeitpunkt lebenslang verwahren oder die abschließende Beurteilung jeweils den Vollzugsinstanzen überlassen wollen.

Ist das Aussprechen von Verwahrungen bei den Richtern unbeliebt?

Es ist auch deswegen sehr unbeliebt, weil der Begriff der Verwahrung in der Öffentlichkeit mittlerweile so stigmatisiert ist, dass ein rationaler Umgang mit dieser Maßnahme in der Praxis erschwert ist.

Ist das eine Gefahrenquelle?

Wir begutachteten selbst acht Hochrisiko-Täter mit Tötungs- oder Sexualdelikten. Die von uns als hochgefährlich und nicht behandelbar beurteilten Täter mussten in der Zeit von 1997 bis 2002 entlassen werden, weil es die nachträglich ausgesprochene Sicherheitsverwahrung damals noch nicht gab. Die Rückfälligkeit lag innerhalb eines Jahres bei hundert Prozent. Es wurden am Schluss vierundzwanzig Opfer beklagt. In zwei Fällen hätten die Richter bei den Tätern damals eine Verwahrung aussprechen können. Sie taten dies – unter anderem mit dem Hinweis auf die Unzuverlässigkeit von Prognosen – aber nicht.

Wie kommt eigentlich die Einschätzung zustande, ob ein Täter therapierbar ist oder eben nicht?
Es gibt heute gute Verfahren, durch die sowohl das Risiko als auch die Beeinflussbarkeit dieses Risikos, also die Behandelbarkeit, abgeklärt werden können.

Wie werden Risikokalkulationen und Gefährlichkeitseinschätzungen vorgenommen?
Dabei gibt es zwei Ansatzpunkte. Einerseits muss man die Person gut kennen, andererseits muss man das jeweilige Verhalten sehr genau analysieren. Das, was ein Mensch tut, so wie er es tut, sagt etwas darüber aus, wie er funktioniert. Taten sind Ausdruck unserer Gefühle, unseres Denkens, unserer Wahrnehmung. So ergeben sich zwei voneinander unabhängige Informationsquellen – die Tatmerkmale und die Persönlichkeitsmerkmale. Daraus lassen sich aussagekräftige und zuverlässige Prognosen ableiten.

Wie lange dauert eine solche Risikoabklärung?
Zwischen dreißig und hundert Stunden.

Viel Arbeit, viel Geld, sehr viel Engagement: Ist dieser Aufwand nicht übertrieben?
Er ist letztlich eine Frage der Vernunft. Nebst dem menschlichen Leid, das verursacht wird, kostet ein Rückfalltäter den Staat sehr viel Geld. Die Risikokalkulationen haben in der Zwischenzeit eine hohe Zuverlässigkeit und sind der Schlüssel jeder Prävention. Um zu wissen, welche Maßnahmen nötig

sind – vom Nichtstun über ein Rayonverbot bis zur lebenslangen Verwahrung –, muss man wissen, welches Risiko der Mensch darstellt. Die Art der Therapie hängt ebenfalls von diesen Einschätzungen ab.

Von welchen Umständen hängt die Einschätzung der Gefährlichkeit ab?
Von den prognostischen Syndromen, das sind Persönlichkeitsmerkmale, die mit Risiken für Straftaten verbunden sind. Prognostische Syndrome dürfen nicht mit Diagnosen verwechselt werden. Ein Selbstmordattentäter, der sich und andere aufgrund seiner religiösen Überzeugungen in die Luft sprengt und überlebt, ist gefährlich – ohne dass er im psychiatrischen Sinn krank sein muss. Schwierig wird es, wenn die prognostischen Merkmale stark in der Persönlichkeit verwurzelt sind. Dies können beispielsweise Fantasien zu gewalttätigem Sex sein, politische Überzeugungen, dissoziale Lebensweisen, um nur einige zu nennen. Was einer Therapierbarkeit im Weg stehen und somit zur Gefährlichkeit beitragen kann, ist beispielsweise ein mangelndes Problembewusstsein des Täters.

Wäre es nicht Aufgabe der Therapeuten, dieses Problembewusstsein zu aktivieren und zu fördern, damit eine Auseinandersetzung mit der Tat stattfinden kann?
Das tun wir auch, und es gelingt in vielen Fällen. Es gibt aber auch einige Fälle, bei denen trotz therapeutischer Motivationsarbeit kein ausreichendes Problembewusstsein erreicht werden kann. Wenn ein pädophiler Täter findet, es sei nicht schlimm, was er den Kindern antut, und sei ein Problem der Gesellschaft, wenn sie das anders sehe, ist es auch dem besten Therapeuten praktisch unmöglich, das Rückfallrisiko zu reduzieren.

So frank und frei äußern sich die Täter jedoch selten, viel öfter geben sie sich reuig und verhalten sich so, wie es in der Therapie erwünscht ist.
Aus diesem Grund halte ich Reue für keinen nachhaltigen Faktor. Was jemand sagt, ist das eine. Was jemand tut, ist viel wichtiger. Wir schauen deshalb stets sehr stark auf das Verhalten. Wir mögen auch Gruppentherapien besonders, weil es im sozialen Raum einer Gruppe sehr viel schwieriger ist, sich zu verstellen. Außerdem ist es wichtig, Informationen aus dem Arbeits- und Wohnbereich zu sammeln, weil es unmöglich ist, sich vierundzwanzig Stunden am Tag zu verstellen.

Wie würden Sie den nicht therapierbaren Täter in zwei Sätzen umschreiben?
Das kann ich nicht, weil die Thematik hochkomplex ist und man keine Verallgemeinerungen machen kann. Die Abklärung, ob eine Therapie erfolgreich sein kann, hängt von der allgemeinen Behandelbarkeit des Störungsbildes, der Therapiemotivation des Täters, von seiner Einsicht in seine Störung, von den deliktrelevanten Abläufen, seiner Offenheit, dem allgemeinen Veränderungspotenzial und vielen weiteren Faktoren ab, deren Ausprägung und Bedeutung in jedem Einzelfall detailliert geprüft werden müssen.

Wird es a priori schwierig, wenn ein Schuldeingeständnis fehlt?
Das kann man so sagen.

Was erhofft man sich von einer Therapie?
Risikosenkung: also Opferschutz. Dabei handelt es sich meist um ein langfristiges Risikomanagement. Von Heilung kann man in den meisten Fällen nicht sprechen.

Und was geschieht, wenn ein Täter für therapierbar gehalten wird, er sich aber als therapieunwillig erweist?
Das hängt sehr davon ab, welche rechtlichen Möglichkeiten es im jeweiligen Fall gibt. Mein Standpunkt ist klar: Wenn ein rückfallgefährdeter Täter willentlich nichts dazu beiträgt, damit sich sein Risiko verkleinert, dann muss er die Konsequenzen tragen, das heißt beispielsweise länger in Haft bleiben, wenn dies rechtlich möglich ist.

Welcher Täter ist tendenziell gefährlicher: der spontane oder jener, der alles unter Kontrolle hat?
Ein hoher Planungs- und Detaillierungsgrad bei der Tat führt sicher zu einer ungünstigen Prognose, weil solche Pläne den Menschen lange Zeit beschäftigen, es passiert also nicht zufällig, sondern ist unter Umständen seit langem im Denken verwurzelt. Aber auch eine Tat, die aus dem Moment entsteht, kann eine ungünstige Prognose zur Folge haben, wenn dieser Mensch andauernd explodiert und unkontrolliert agiert. Die Frage ist immer, inwieweit entspricht ein bestimmtes Verhalten einem stabilen Persönlichkeitsmerkmal.

Welche menschlichen Eigenschaften qualifizieren Sie als besonders gefährlich?
Da gibt es einige, beispielsweise Sadismus und gewisse Ausdrucksformen der Aggression gehören dazu, auch kalkulierende, sehr zielgerichtete, emotionslose Menschen können äußerst gefährlich sein.

Sie erwähnten bereits im Zusammenhang mit der Verwahrungsinitiative, dass letztlich die Praxis zeigen werde, ob die Initiative umsetzbar ist. Zu welchem Schluss kommen Sie heute?

Die neu geschaffene Verwahrung betrifft die lebenslange Verwahrung, sie wurde bis jetzt in der Praxis noch nie angewendet. Bei der Open-End-Verwahrung – die es schon immer gab – wird entlassen, wenn die Gefährlichkeit reduziert ist, diese Verwahrung kann also auch beliebig lange fortgesetzt werden. Es gibt heute allerdings eine Tendenz der Gerichte, auch diese normale Verwahrung weniger oft auszusprechen als früher, vermutlich weil, wie bereits angedeutet, der Begriff der Verwahrung stigmatisiert ist. Es werden dann lieber stationäre, also therapeutische Maßnahmen angeordnet, die faktisch auch kein festgesetztes Ende haben. Meiner Meinung nach wird heute eher zu wenig oft eine Verwahrung ausgesprochen.

Ist die Verwahrungsinitiative also ein Rohrkrepierer?
Sie hat zumindest nicht zu dem geführt, was die Initiantinnen beabsichtigten. Auf anderer Ebene erreichte die Initiative wichtige Veränderungen für das neue Strafgesetzbuch. Dort wurden Schwachstellen beseitigt, und diese Punkte sind heute in der Praxis ein großer Gewinn. So war ursprünglich geplant, Verwahrung nur bei Taten vorzusehen, bei denen die Höchststrafe mindestens zehn Jahre betrug. Bei Straftatbeständen mit einer Höchststrafe von fünf Jahren war vor der Korrektur keine Verwahrung möglich.

Für welche Delikte erhält man bis zu fünf Jahre?
Beispielsweise für sexuelle Handlungen mit Kindern. Auch eine Gefährdung des Lebens, was eine sehr schwere Tat sein kann, fiel ursprünglich durch den Raster. Das konnte dank der Initiative geändert werden. Auch die nachträgliche Verwahrung – sie war mir persönlich ein sehr großes Anliegen – ist heute möglich.

In welchem Fall kann eine nachträgliche Verwahrung ausgesprochen werden?
Diese Maßnahme ist für Täter gedacht, die man während des Strafvollzugs als hochgefährlich erkennt und deren Haftzeit man verlängern will, weil man sie in Freiheit für ein sehr großes Sicherheitsrisiko hält. Aber auch in einem solchen Fall gilt: Die Gerichte müssen über diese Anträge entscheiden. Ich hoffe, dass die Gerichte diesen Schritt in diesen sehr seltenen Ultima-Ratio-Fällen künftig auch machen werden.

Frank Urbaniok, *47, ist seit 1997 Chefarzt des Psychiatrisch-Psychologischen Dienstes im Amt für Justizvollzug des Kantons Zürich. Daneben ist er als Psychotherapeut, Gutachter und Supervisor tätig. Sein Arbeitsschwerpunkt sind Sexual- und Gewaltstraftaten, er vertritt einen spezifischen deliktorientierten Behandlungsansatz. Er entwickelte mit FOTRES (Forensisches Operationalisiertes Therapie-Risiko-Evaluations-System) ein eigenes Qualitätsmanagement- und Dokumentationsinstrument für die Risikobeurteilungen bei Straftätern, das mittlerweile in fünf verschiedenen Ländern zum Einsatz kommt. Er war langjähriger Präsident des Institutes für Opferschutz und Täterbehandlung (IOT) Schweiz und maßgeblich am Aufbau des Postgraduate-Lehrgangs »Forensische Fachqualifikation« beteiligt. Frank Urbaniok ist seit 1999 Mitglied der Geschäftsleitung des Amtes für Justizvollzug und verschiedener Fachbeiräte und Kommissionen. Er war Mitglied der vom Bundesrat eingesetzten Arbeitsgruppe zur Umsetzung der Verwahrungsinitiative sowie Teilnehmer an verschiedenen politischen Experten-Hearings. Er leitet verschiedene forensische Therapie- und Forschungs-*

projekte. Ein weiterer Arbeitsschwerpunkt liegt in der Entwicklung von Teamkonzeptionen, unter anderem ist er der Begründer des Modells der »Teamorientierten stationären Behandlung« (TSB).

www.zurichforensic.org
www.z-o-c.org
www.behandlungsinitiative-opferschutz.de

»Der Mensch ist ein unberechenbares Wesen«

Die Oberrichterin Marianne Heer-Henseler und der Strafrechtsprofessor Marcel Alexander Niggli erklären, weshalb sich die Umsetzung der Verwahrungsinitiative als hürdenreich erweist.

Kann von einer hürdenreichen Umsetzung der Verwahrungsinitiative gesprochen werden?
Marianne Heer: Ja. Bereits bei der »gewöhnlichen« Verwahrung sind nach neuem Recht die Hürden hoch, und die Voraussetzungen für eine lebenslange Verwahrung sind außerordentlich streng. Es gibt im Moment praktisch kaum mehr solche Urteile, und bisher habe ich noch keinen solchen Antrag der Staatsanwaltschaft beurteilen müssen. Eine entsprechende Begutachtung dauert lang. Und bis die Verfahren zum Obergericht gelangen, würde es noch länger dauern.

Trotzdem: Aus welchen Gründen sind die Zahlen der Verwahrungen seit zwei Jahren stark rückläufig?
Marcel Alexander Niggli: Das psychiatrische Gutachten muss ergeben, dass der Betroffene untherapierbar ist. Es muss mit hinreichender Wahrscheinlichkeit gesagt werden können, die Behandlung habe innerhalb einer längeren Zeitspanne keine Aussicht auf Erfolg. Das wird von den psychiatrischen Sachverständigen kaum attestiert. Mindestens so lange nicht, bis ein Behandlungsversuch gescheitert ist. Deshalb wird die Verwahrung durch eine gesicherte therapeutische Maßnahme ersetzt.

Der forensische Psychiater Frank Urbaniok sagt, es sei eher eine Frage der Mentalität der Richter, ob sie jemanden schon zum Urteilszeitpunkt lebenslang verwahren oder die abschließende Beurteilung jeweils den Vollzugsinstanzen überlassen. Das Aussprechen von Verwahrungen sei bei den Richtern auch deswegen sehr unbeliebt, weil der Begriff der Verwahrung in der Öffentlichkeit mittlerweile so stigmatisiert sei, dass ein rationaler Umgang mit dieser Maßnahme in der Praxis erschwert werde.

Marianne Heer: Die Rechtsanwendung besteht nicht nur aus der Übernahme psychiatrischer Einschätzungen, die überdies nicht immer über alle Zweifel erhaben sind beziehungsweise keine exakte Größe darstellen. Es gibt bei der Frage, ob eine Verwahrung anzuordnen ist, noch ganz viele rechtliche Fragen, welche die Psychiater nicht überblicken. Dass mit dem Thema »Verwahrung« nicht rational umgegangen wird, stimmt allerdings. Das hängt aber auch damit zusammen, dass an die Justiz zu große Erwartungen gestellt werden.

Wird andererseits den Psychiatern heute zu viel Verantwortung übertragen, wenn es um die Entscheidung geht, einen Menschen zu verurteilen und ihn gar lebenslang zu verwahren?

Marcel Alexander Niggli: Dass das sehr harte Verdikt »Untherapierbarkeit« so selten ausgesprochen wird, hat nichts mit Therapiegläubigkeit zu tun. Dass Psychiater an ihren Beruf glauben, ist nur natürlich. Aber die sogenannte Behandlungsprognose ist noch schwieriger zu stellen als die Gefährlichkeitsprognose. Es kommt auch immer darauf an, ob eine adäquate Behandlung überhaupt angeboten werden kann. Dies ist nicht selbstverständlich. Und wie gesagt: Der Therapieverlauf ist schwierig abzuschätzen.

Welche Probleme stellen sich – Ihrer Meinung nach – bei der Beurteilung der Gefährlichkeit eines Täters heute?
Marianne Heer: Die Gefährlichkeitsprognose ist ein außerordentlich schwieriges Unterfangen, besonders wenn sie auf längere Zeit – also auf mehr als ein Jahr hinaus – gestellt werden muss. Es sind viele Wertungen damit verbunden, die je nach Gutachter verschieden sind. Der Mensch ist ein unberechenbares Wesen. Gefährlichkeit aktualisiert sich auch meistens konkret in ganz bestimmten Situationen, bei einem ganz bestimmten Gegenüber. Somit ist das menschliche Verhalten nicht leicht voraussehbar. Das gilt für das große Mittelfeld der Fälle. In den wenigen Extremfällen – es sind in der Schweiz etwa fünfzig – trifft dies nicht zu, weil man sich da in der Beurteilung ziemlich sicher ist. Aber das Mittelfeld macht Probleme bei den Entscheiden.

Scheitert die Umsetzung von langjährigen Haftstrafen, aber im weitesten Sinn auch die Umsetzung der Verwahrungsinitiative letztlich an der Therapiegläubigkeit unserer Gesellschaft?
Marcel Alexander Niggli: Eine Therapiegläubigkeit besteht nicht. Langjährige Haftstrafen und Therapie sind zwei verschiedene Paar Schuhe. Ich mache die Erfahrung – und das belegt auch die Statistik –, dass behandlungsbedürftige Täter tendenziell immer länger in Institutionen festgehalten werden. Es wird also dem Bedürfnis nach einer langen Internierung nachgekommen. Es ist längst nicht mehr so wie früher, dass Täter mit einer Maßnahme besser davonkommen als mit einer Strafe. Maßnahmen dauern meist länger als eine Strafe. Die Umsetzung der Verwahrungsinitiative scheitert an den strengen Voraussetzungen, die bereits die Initiative enthielt. Bei der Verwahrungsinitiative konzentrierte man sich vor allem auf die

Phase der Beendigung der Maßnahme. Es sollte erschwert werden, den Täter zu entlassen. Man hat dabei nicht bedacht, dass die Anordnungsvoraussetzungen noch strenger sind als bei der bisher bekannten Form der Verwahrung.

Die Befürworter von Therapien bei verwahrten Gewaltverbrechern argumentieren, dass es in Bezug auf die Sicherheit keinen Unterschied gebe, da auch angeordnete stationäre Maßnahmen »hinter Gittern« stattfänden: Diese Maßnahmen sind zeitlich bedingt und können in normale Haftstrafen umgewandelt oder auch aufgehoben werden. Ist das gut oder schlecht?
Marianne Heer: Tatsächlich werden gefährliche Täter so oder anders von der Gesellschaft ferngehalten und befinden sich in gesichertem Rahmen. Die neue rechtliche Situation ist meiner Meinung nach insofern besser, als mindestens ein Gericht wieder über die Bücher gehen und nach fünf Jahren beurteilen muss, ob der Freiheitsentzug immer noch gerechtfertigt ist. Es wird also nicht alles den Vollzugsbehörden überlassen.

Wie verhält es sich aus strafrechtlicher Sicht, wenn ein Täter als therapierbar beurteilt wird, er sich im Nachhinein allerdings als therapieunwillig oder therapieunfähig erweist. Mit welchen Konsequenzen muss der Täter rechnen?
Marianne Heer: Wenn die Therapieunwilligkeit oder -unfähigkeit klar feststeht, ist die therapeutische Maßnahme aufzuheben und eine Verwahrung anzuordnen, wenn sich nicht eine Entlassung rechtfertigt, was wohl nicht anzunehmen ist.

Müsste, wenn die Therapiefähigkeit als gegeben erachtet wird, der Täter sich aber weigert, eine solche Therapie zu machen, nicht gehandelt werden, bevor er aus der Haft entlassen wird?

Marcel Alexander Niggli: Heute gibt es faktisch keine solchen »Löcher« mehr: Der Täter kann im Umwandlungsverfahren in Sicherheitshaft versetzt werden, das wurde vom Bundesgericht mehrfach festgehalten. Sein Zustand kann sich also nicht negativ auf die Sicherheit der Öffentlichkeit auswirken.

Was halten Sie von der Aussage des Zürcher Strafrechtsprofessors Martin Killias, wonach Gewalttäter in der Schweiz tendenziell zu milde bestraft werden?
Marianne Heer: Nichts, das Gegenteil ist der Fall. Strafen dauern in der jüngeren Vergangenheit immer länger und sind zum Teil heute unverhältnismäßig hoch. Dies steht einer Resozialisierung des Täters entgegen, ist kontraproduktiv. Gefährliche und behandlungsbedürftige Täter sollen ausgesondert und entsprechend behandelt werden. Dagegen ist nichts einzuwenden. Aber die übrigen Täter sollen wieder in die Gesellschaft integriert werden können. Das wird mit zunehmender Dauer der Strafe immer schwieriger. Die Vergeltung darf bei den ausgesprochenen Sanktionen nicht im Vordergrund stehen.

Befasst man sich mit den jüngeren Fällen der Schweizer Kriminalgeschichte, fällt auf, dass Haftentlassungsauflagen nicht kontrolliert werden: Gibt es dafür keine zuständigen Instanzen, oder weshalb reagieren die Verantwortlichen dieser Instanzen nicht?
Marianne Heer: In Luzern haben wir keine solchen Probleme bei den Vollzugsbehörden, soweit mir dies bekannt ist.

Fehlt es nicht grundsätzlich an einem Instrument, um Auflagen, die von den Behörden angeordnet werden, zu überprüfen, oder müssten solche nicht kontrollierbaren Risiken nicht dazu führen, dass eben keine Entlassung stattfindet?

Marcel Alexander Niggli: Selbstverständlich müssen solche Anordnungen von den Vollzugsbehörden kontrolliert werden. Aber die Politiker sind meist nicht gewillt, die nötigen Ressourcen zur Verfügung zu stellen. Es fehlt an Geld und an Personal.

Fälle wie die Ermordung des kleinen Florians durch seinen Vater oder jener des getöteten Taxifahrers von Wetzikon erregen den Volkszorn: Verstehen Sie das, oder gehört es zum Risiko, dass hin und wieder eine Katastrophe passiert?
Marcel Alexander Niggli: Solche Fälle sind immer schlimm, und niemand mag sie. Aber wir sind nicht in der Lage, eine hundertprozentige Sicherheit zu gewährleisten. Die haben wir nur, wenn wir vierundzwanzig Stunden im Bett liegen, und auch dann kann das Haus einstürzen. Es ist erstaunlich, dass eine Gesellschaft, in welcher der »Kick« und das Risiko eine immer größere Rolle zu spielen scheinen – was sich vom Bungee-Jumping über River-Rafting bis zur Extremkletterei zeigt –, in dieser Hinsicht eine solche Null-Risiko-Mentalität an den Tag legt.

Bei den erwähnten Beispielen handelt es sich immerhin um Aktivitäten mit einem abschätzbaren und selbst gewählten Risiko: Sollte der Staat nicht in der Lage sein, die Bürger vor offensichtlich gefährlichen Menschen zu schützen?
Marcel Alexander Niggli: Bei den erwähnten Beispielen sind unter Umständen ebenfalls Drittpersonen gefährdet. Wir können nicht alles absichern, und nicht alle gesellschaftlichen Probleme lassen sich über die Strafjustiz lösen. Schließlich gibt es auch Menschen auf der »Straße«, die noch nie im Straf- oder Maßnahmenvollzug waren und vielleicht eine unvorhersehbare Gefahr darstellen. Wer weiß, wer irgendwann mal durchdreht?

Im Fall von Nicole Dill entschieden verschiedene Personen, darunter ein Polizeibeamter, die Frau nicht über die Vergangenheit ihres Partners aufzuklären, als sie sich Hilfe suchend an sie wandte. Man berief sich auf das Arztgeheimnis und den Datenschutz: Gibt es – aus strafrechtlicher Sicht – Möglichkeiten, beides zu umgehen, wenn sich die Hilfe suchende Person in einer Gefahrensituation befindet?
Marianne Heer: Der Fall ist sicher schwierig. In solchen Situationen ist eine Abwägung der Interessen vorzunehmen. Es fragt sich, wie ernsthaft die früheren Fälle waren, von denen der Polizeibeamte weiß. Es fragt sich auch, wie ernsthaft andererseits die aktuelle Bedrohung ist. Bei einer rechtskräftigen Verurteilung hätte ich keine Skrupel, dies mitzuteilen. Anders ist es, wenn es nur um Vermutungen geht, um einen Verdacht, der noch nicht gerichtlich beurteilt worden ist.

Nicole Dill wurde von ihrem ehemaligen Partner dann beinahe umgebracht. Der Täter war – nachdem er 2003 nach Verbüßung einer Strafe wegen Mordes vorzeitig aus der Haft entlassen wurde – der Polizei bestens bekannt. Verschiedene gravierende Stalking-Vorfälle nach der Entlassung gingen auf sein Konto, der letzte brachte ihn im Jahr 2006 vorübergehend in Untersuchungshaft. Mit der Entlassung einen Monat bevor er das spätere Opfer kennen lernte, gingen nicht eingehaltene Haftentlassungsauflagen einher. Hätten die Behörden – Ihrer Meinung nach – reagieren müssen?
Marianne Heer: Hier hätte reagiert werden müssen. Würde man weitere Details kennen, gäbe es eventuell noch Vorbehalte. Es ist schwierig, einen Fall ohne Aktenkenntnis zu beurteilen.

Im letzten psychiatrisch-forensischen Gutachten, das im Januar 2007 dem Amtsstatthalteramt Luzern zugestellt wurde, hieß es, Roland A. leide unter einer narzisstischen Störung und sein Verhalten zeuge von einer »kalten instrumentalisierten Gewalt«, da er bis zum heutigen Tag keine Reue und Anteilnahme am Schicksal seines Opfers zeige. Hätten die zuständigen Stellen aufgrund dieser neuen Erkenntnisse – und im Nachgang an die Haftentlassung unter Auflagen – eine Maßnahme einleiten können?
Marianne Heer: Nach einem Abschluss der Sanktion, also einer definitiven Entlassung aus der Strafe oder Maßnahme, kann mit dem Strafrecht nicht mehr reagiert werden. Eine Sanktion bedarf (nach Art. 5 der Europäischen Menschenrechtskonvention) eines Zusammenhangs zu einer Straftat, der hier zu verneinen wäre. Es gibt nur noch die Möglichkeit, den zivilrechtlichen Weg der fürsorgerischen Freiheitsentziehung zu gehen. Wenn die Entlassung nur bedingt erfolgt ist, weil die Strafe oder die Maßnahme noch nicht aufgehoben worden ist, kann man noch reagieren. Wenn eine Strafe von einer ambulanten Maßnahme begleitet ist, kann diese in der bedingten Phase der Entlassung zudem in eine stationäre Maßnahme umgewandelt werden.

Oft stellen sich nach derartigen Taten schwierige Haftungsfragen. Ist das Opfer einer Gewalttat tendenziell immer im Nachteil, wenn es um die nachträglichen Fragen einer möglichen Haftung geht?
Marcel Alexander Niggli: Ja, die Haftungsfrage ist immer schwierig.

Im Fall der ermordeten Pasquale Brumann wurden die Angeklagten freigesprochen und erhielten fünfstellige Prozess-

entschädigungssummen. Die Verantwortlichen, die Erich Hauert in den Hafturlaub schickten, hätten in gutem Glauben gehandelt, und Gutgläubigkeit sei kein Tatstrafbestand, hieß es. Wie interpretieren Sie dieses Urteil?
Marcel Alexander Niggli: Dies hat nichts mit dem Opfer zu tun und sollte nicht als Respektlosigkeit aufgefasst werden. Es muss dem betroffenen Richter, dem Gutachter oder den Vollzugsbehörden ein Fehler nachgewiesen werden, eine Sorgfaltspflichtverletzung. Wie gesagt, das ist schwierig.

In der Schweiz starben im Jahr 2008 dreißig Menschen durch die Hand von rückfälligen Straftätern, und Dutzende von Opfern überlebten Übergriffe schwer verletzt. Wie interpretieren Sie diese Zahlen?
Marianne Heer: Wie bereits angedeutet: Ein gewisses Risiko müssen wir in Kauf nehmen, wenn wir nicht alle Täter lebenslang einsperren wollen. Es ist immer eine Frage der Abwägung verschiedener Interessen. Wollen wir die Freiheitsrechte völlig außer Acht lassen und eine Justiz haben, wie es sie in undemokratischen Gesellschaften gibt, haben wir sicher weniger oder gar keine Rückfälle. Um welchen Preis wollen wir das, was ist uns dies wert? Es geht aber nicht nur um die Freiheit, sondern auch um die Kosten. Oder wollen wir einfach alle gefährlichen Straftäter umbringen? In China hat man angeblich fast keine Rückfälle. Das ist eine Wertung, welche die Gesellschaft vornehmen muss.

Marianne Heer-Henseler, *54, ist Oberrichterin in Luzern mit Schwerpunkt Strafrecht und Lehrbeauftragte an der Universität Freiburg im Üechtland. Als Gegnerin der Verwahrungsinitiative äußerte sie sich vor der Abstimmung* *kritisch. Die Untherapierbarkeit eines Straftäters anzunehmen – die heutige Voraussetzung für eine Verwahrung –, sei das letztmögliche Mittel, um die Öffentlichkeit zu schützen, sagt Marianne Heer. Sie plädiert deshalb im Grundsatz für »in dubio pro curatione« – im Zweifel für die Therapie.*

Marcel Alexander Niggli, *50, ist Rechtswissenschaftler und Rechtsphilosoph mit Schwerpunkt in den Gebieten Strafrecht und Rechtsphilosophie. Seit elf Jahren ist er Ordinarius für Strafrecht, Strafprozessrecht und Kriminologie an der Universität Freiburg im Üechtland, seit 2009 ist er Dekan der rechtswissenschaftlichen Fakultät dieser Universität.*

»Wo viel Leid ist, ist auch viel Menschlichkeit«

Der deutsche Mordermittler Josef Wilfling spricht über das Böse im Menschen und darüber, welche Rolle die heimlichen Mitwisser in Mordfällen spielen.

Sie sorgten als Chef der Münchner Mordkommission für hundert gelöste Fälle: Gab es dennoch Fragen, auf die Sie im Verlauf von vielen Berufsjahren keine Antworten fanden?
Josef Wilfling: Sicher. Ich weiß nicht mehr, wie oft ich an einem Tatort stand und mich gefragt habe, wie so etwas möglich ist. Wobei mich weniger die schlimmen Bilder betroffen machten als vielmehr das fehlende Mitgefühl für die Opfer. Ich fragte mich oft: Wie können Menschen so erbarmungslos und gefühllos, so brutal und kaltblütig sein? Bis heute fehlen mir in diesem Bereich die Antworten. Und nicht nur mir. Nicht einmal die Gerichte und ihre psychiatrischen Gutachter konnten immer ergründen, was im Innersten eines Mörders gewirkt haben könnte. Juristisch lässt sich natürlich fast immer ein Tatmotiv finden.

Welches sind die häufigsten Tatmotive?
Habgier ist das häufigste Mordmerkmal, gefolgt von der Befriedigung des Geschlechtstriebes. Letztere ist für die schlimmsten Verbrechen verantwortlich. Auch Mordlust und Rachsucht fallen in die Kategorie der niedrigen Beweggründe.

Männer morden, weil sie es nicht ertragen, verlassen zu werden, heißt es: Deckt sich dieser Satz mit Ihren Erfahrungen?
Absolut. Den Satz »Frauen töten, um jemanden loszuwerden, Männer töten, um jemanden zu behalten« kann ich aus persönlicher Erfahrung unterschreiben. Dies gilt für viele Fälle im Bereich der häuslichen Gewalt und auch oft für jene Tragödien, bei denen Männer die ganze Familie auslöschen, weil sie es nicht ertragen und verkraften, verlassen zu werden, oder weil sie aus einem übersteigerten Verantwortungsgefühl heraus meinen, ohne sie könne die Familie nicht überleben.

Wie erlebten Sie Männer, die ihre Partnerinnen attackieren und ermorden: Waren das Psychopathen?
So kann man das nicht generell sagen, wobei man natürlich an der psychischen Gesundheit solcher Leute zweifeln könnte. Aber gerade die Beziehungstäter leben oft nicht außerhalb der sozialen Ordnung, sondern versuchen alles, um einen angepassten Eindruck zu erwecken. Oft sind die Täter fürsorgliche Väter und wertkonservative Angepasste, deren Welt zusammenbricht, weil die Frau – die ihnen zu gehören hat – weggehen will.

Aus welchen Gründen morden Frauen?
Oft weil sie sich befreien wollen. Sie suchen einen Neuanfang, manchmal werden sie auch wegen einem anderen Mann zu Mörderinnen. Gewisse Statistiken suggerieren, Frauen seien heute gewalttätiger als früher. Das mag tendenziell stimmen, aber im Großen und Ganzen hat sich trotz Emanzipation und Gleichstellungsbemühungen nichts verändert. Gewalt ist noch immer die Domäne der Männer. Frauen sind nur in zehn Prozent aller Tötungsdelikte Täterinnen, während sie wesentlich häufiger Opfer werden, man denke an den Bereich der häus-

lichen Gewalt, die übrigens den meisten tödlichen Beziehungstaten vorausgeht. Wenn Frauen allerdings töten, unterscheiden sie sich in Vorgehensweise, Ausführung und auch Brutalität nicht von männlichen Tätern.

Das Messer scheint noch immer die beliebteste männliche Mordwaffe zu sein, Gift – das klassische Mittel der Frauen – wird hingegen nicht mehr so oft verwendet. Stimmt das?
Ja, weil den Medizinern heute fast immer der präzise Nachweis von Giften gelingt. Dafür gibt es nun andere spezifische weibliche Vorgehensweisen: Nach meiner persönlichen Statistik ist das Instrumentalisieren oder Anstiften eines Täters durch eine Frau nicht selten. Solche Täterinnen halten sich im Hintergrund auf und wissen den hörigen Mann zu manipulieren. Auch im Bereich handfester Auftragsmorde sind Frauen häufiger tätig als angenommen. Niemand spricht darüber, weil viele Anstifterinnen kriminalstatistisch nicht erfasst werden können, da die Männer schweigen.

Steht die Bösartigkeit eines Täters oder einer Täterin in Zusammenhang mit dem Tatmotiv?
Es ist ein Unterschied, ob jemand aus Habgier oder reiner Mordlust getötet hat oder aus Eifersucht oder Zorn. Wir unterscheiden zwischen rationalen und emotionalen Tathintergründen, und diese Unterschiede spürt man auch in den Vernehmungen ganz deutlich. Reue und schlechtes Gewissen auf der emotionalen Seite, kaltes Kalkül und das Abwägen der Vor- und Nachteile eines Geständnisses auf der rationalen Seite. Ein Täter, der aus Habgier getötet hat, wird nur gestehen, wenn er mit dem Rücken zur Wand steht und Schadensbegrenzung betreiben will.

Welche Mörder empfanden Sie selbst als besonders heimtückisch?
Wer es fertigbringt, einen anderen Menschen zu töten, um sich materiell oder finanziell zu bereichern, muss eine besonders hohe kriminelle Energie in sich tragen. Bei solchen Tätern muss man nicht an das Gewissen appellieren – weil sie keines haben.

Und welchen Tätern sprechen Sie »mildernde Umstände« zu?
Es gibt nun mal Täter und Täterinnen, die selbst Opfer waren. Ich erinnere mich beispielsweise an eine junge Frau, die mit dem Wissen ihrer Mutter seit dem Kleinkindalter vom Vater sexuell missbraucht wurde. Als sie ihre Mutter nach dreißig Jahren zur Rede stellte, antwortete diese: »Du wirst es schon gebraucht haben.« Die Tochter erdrosselte die Mutter daraufhin mit dem Gürtel eines Bademantels. Diese Tat konnte ich verstehen. Das Gericht offenbar auch: Die Täterin erhielt nur eine geringe Strafe.

In welcher Art und Weise prägt das Motiv die Ausführung der Tat?
Diesbezüglich gibt es Erfahrungswerte. Sadisten, die aus reiner Mordlust handeln, hinterlassen ein anderes Spurenbild als beispielsweise ein Einbrecher, der auf frischer Tat ertappt wird und zur Waffe greift, damit er fliehen kann. In der Regel sticht ein Einbrecher auch nicht dreißigmal auf sein Opfer ein. Wenn mehr getan wird, als nötig gewesen wäre, um jemand zu ermorden, weist dies oft auf Beziehungstaten hin, aber natürlich nicht immer.

Steht hinter jedem Mord Aggression?
Mord ist immer die Entladung von Aggression. Die Aggres-

sion kann gezielt und kontrolliert erfolgen oder spontan ausgelöst werden.

Aus welchen Gründen geraten die Dinge manchmal völlig außer Kontrolle?

Grundsätzlich laufen die Dinge aus dem Ruder, wenn die Emotionen stärker sind – oder werden – als die Vernunft. Wenn sich Hass und Zorn entladen, schlägt sich dies unter Umständen in der Tatausführung nieder, wir nennen dieses Verhalten »Übertöten«. Panik und Angst können ebenfalls dafür sorgen, dass die Situation eskaliert, was auch während eines geplanten Mordes geschehen kann. Als Affekttaten bezeichnet man allerdings den nicht geplanten Mord, also Fälle, bei denen spontane Emotionen das Schreckliche prägen. Verurteilt werden diese Täter dann oft wegen versuchten oder vollendeten Totschlags.

Wann spricht man von einem »Affektstau«?

Im Bereich der häuslichen Gewalt erlebt man – auf weiblicher Seite – immer wieder, dass sich der Leidensdruck aufstauen kann und sich eines Tages aus scheinbar nichtigem Grund entlädt. Zu einem Affektstau kann es auch bei Menschen kommen, die beispielsweise als Kinder jahrelang gedemütigt, dominiert, misshandelt und ausgebeutet wurden.

Trotzdem: Verfügt, wer mordet, über eine abnorme Charakterstruktur?

Nein, nur bei wenigen Mördern ist – meiner Meinung nach – eine abnorme Charakterstruktur oder eine Psychopathie nachweisbar, und somit sind die meisten Täter auch verantwortlich für ihre Taten.

Aber grundsätzlich kann jeder Mensch ausrasten?
Jeder Mensch wird durch seine Emotionen gesteuert, und meiner Meinung nach kann jeder Mensch in die Lage geraten, dass seine Gefühle außer Kontrolle geraten und er Dinge tut, die er normalerweise nicht tun würde. Dabei kann sich die Absicht, jemanden zu töten, auch sukzessive entwickeln, immer stärker werden und schließlich in die geplante Tat münden.

Teilen Sie die Meinung des bekannten deutschen Tatortspezialisten Axel Petermann, der sagt, auch das Töten sei letztlich menschlich, weil es zum Menschen gehöre?
Leider hat er recht. Aber wir dürfen nicht akzeptieren, dass das Töten menschlich ist. Wie bereits angedeutet: Ein Mörder ist im selteneren Fall nur ein krankes Opfer seiner Triebe und schlechten Eigenschaften. Der Mensch besitzt einen Willen und kann das Böse zügeln und kontrollieren: Das sollten wir – nur schon aus Respekt den Opfern gegenüber – nicht vergessen.

Welche Erfahrungen haben Sie mit überlebenden Opfern gemacht?
Frauen, die stundenlang misshandelt und gequält wurden, sind nur schwer zu trösten. Aber Menschen sind auch unterschiedlich belastbar, was einen Einfluss auf die mittelfristige und langfristige Genesung haben kann. Aber wer einen Tötungsversuch überlebt hat, insbesondere wenn es sich beim Täter um eine nahestehende Person handelt, kann sein Leben lang traumatisiert bleiben, auch wenn er oder sie glaubt, wieder stabil zu sein. Ich sah mehrfach schrecklich zugerichtete Opfer, bei denen man sich gefragt hat, ob es nicht besser gewesen wäre, wenn sie nicht überlebt hätten. Menschen, die ihr Leben lang entstellt blieben oder sehr schwerwiegende körperliche und psychische Schäden davontrugen. Solche Men-

schen sind vernichtet, aber es kann vorkommen, dass der Täter nur für ein versuchtes Tötungsdelikt verurteilt wird und bald wieder in Freiheit ist.

Mit welchen Fragen quälen sich die Opfer?

Wenn es Beziehungsdelikte sind, fragen sich die Opfer im Nachhinein oft, wieso sie den Menschen falsch einschätzten, das Böse nicht sahen oder es zu lange erduldeten und nicht reagierten. Man meint immer, Mörder müssten wie schreckliche Monster aussehen. Der Schwabinger Messerstecher war aber ein kleinwüchsiger, unschuldig wirkender junger Mann. Kein Gewaltverbrecher, mit dem ich es zu tun hatte, trug das Kainsmal auf der Stirn. Mördern, Vergewaltigern und extremen Gewalttätern sieht man nicht an, was sie sind oder sein können. Eigentlich ganz im Gegenteil.

Welches waren für Sie die widerwärtigsten Täter, mit denen Sie zu tun hatten?

Die intelligenten, raffinierten waren die gefährlichen, aber im Zuge der Ermittlungen auch beliebt, weil sie eine Herausforderung für jeden Mordermittler darstellen. Wenn man sich strikte auf die Tatplanung und Durchführung konzentrierte und wenn diese besonders intelligent und raffiniert war, empfand man manchmal sogar so etwas wie Bewunderung. Ekel und Widerwille empfand ich meist bei Straftaten im sexuellen Bereich.

Erinnern Sie sich an einen Täter, der Ihnen besonders interessant, weil schlau erschien?

Der Regensburger Frauenmörder Horst David war so ein Fall, er konnte gut reden, war raffiniert und perfektionierte sein Vorgehen im Verlauf der Jahre. Er tötete seine Opfer unblutig, durch einen Angriff gegen den Hals. Von hinten hob er die Frauen aus dem Stand, so lange, bis sie tot waren. Dann täuschte er einen natürlichen Tod vor, indem er den Frauen einen Gegenstand in die Hand drückte, entweder einen Staublappen oder einen Reiseprospekt oder ein Salatblatt. Ein Opfer legte er ins Bett, faltete die Hände und täuschte ein friedliches Einschlafen vor. In vier Fällen wurde ein nicht natürlicher Tod erkannt, in allen anderen gelang die vorübergehende Täuschung.

Sie hatten eine Aufklärungsrate von beinahe hundert Prozent und schreiben, dass der Rat eines Kollegen für diesen Erfolg nicht unwichtig war: nämlich, dass es im Umfeld des Täters beinahe immer Mitwisser gibt, die man finden muss. Aus welchen Gründen äußern sich diese Menschen nicht oder nur verzögert?
Aus den unterschiedlichsten Gründen. Entweder weil sie in irgendeiner Form – beispielsweise emotional oder wirtschaftlich – abhängig vom Täter sind. Auch Ignoranz, Angst, Scham, das Bedürfnis, die eigene Familie zu schützen, lassen die Mitwisser fälschlicherweise schweigen.

In welchen Fällen macht sich ein Mitwisser zumindest in moralischer Hinsicht strafbar?
Persönlich empfand ich besonderen Widerwillen bei Taten, die sich gegen Frauen und Kinder richteten, und ganz besonders, wenn die Taten einen sexuellen Hintergrund hatten. Wenn jemand Kenntnis von der bevorstehenden Tötung oder auch der ernsthaften Gefährdung eines Menschen hat. Wenn er dieses Wissen für sich behält und nichts unternimmt, um das sich anbahnende Verbrechen zu verhindern, obwohl man es ihm zumuten kann, macht er sich nicht nur moralisch straf-

bar. Er muss durch den Gesetzgeber zur Rechenschaft gezogen werden.

Sie schreiben, ein guter Ermittler müsse erfolgreich gegen seine eigenen Vorurteile ankämpfen können: gegen welche genau?

Gegen Vorurteile in Bezug auf Ausländer, Frauen, Alleinerziehende, Schwule, Lesben, Jugendliche, Richter, Staatsanwälte, Lehrer, Erzieher. Als Polizist hat man es meist mit drei Gruppierungen von Menschen zu tun. Erstens: mit Straftätern. Zweitens: mit Menschen, die mit der Erziehung, Betreuung oder Bestrafung von Straftätern zu tun hatten oder haben. Drittens: mit Opfern von Straftätern. Oft entsprechen die Verhaltensweisen der Angehörigen dieser drei Gruppen nicht den Erwartungen der Strafverfolger. Also erhöht sich die Gefahr der Verallgemeinerung. Wenn man beispielsweise zum dritten Mal hintereinander einen jungen Ausländer festnimmt, der eine Frau vergewaltigt hat, kann genauso schnell ein Vorurteil gegen Ausländer entstehen wie gegen jene Richter, die den Täter zum dritten Male mit einer Bewährung auf freien Fuß setzen. Wer Vorurteile mit der Wahrheit gleichsetzt, wird seine Arbeit nicht gut erledigen. Darum ist das Hinterfragen der eigenen Vorurteile so wichtig.

Morden die unterschiedlichen Milieus eigentlich verschieden?

Natürlich geht es im Rotlicht- und Rockermilieu häufiger brutal zu als in einem Sportverein – diese Aussage basiert nicht auf einem Vorurteil, sondern auf meiner Erfahrung. Gewisse Subkulturen ziehen Menschen mit hoher krimineller Energie an, man denke beispielsweise an die Mafia. Aber Grausamkeit und Brutalität gibt es auch in den feinsten Kreisen. Grundsätzlich kann man sagen, bei Mord handelt sich um individuelle

Handlungsweisen, die in allen Gesellschaftsschichten vorkommen. Wenn ein Mord in einem vornehmen Viertel passiert und man bereits beim Betreten des Hauses feststellt, dass hier jeder Kratzer sofort eine Hauseigentümerversammlung zur Folge hat, ist eine brutale Tat umso frappierender, weil sie einfach einen krassen Gegensatz zum Umfeld darstellt. Ein Fall blieb mir in diesem Zusammenhang in Erinnerung: Eine feine Dame hatte ihren untreuen Gatten ermordet, der im Schlafzimmer lag. Beim Betreten des Schlafgemachs fiel mir auf, dass die Frau – bevor sie zum Messer griff – ihre Nachtpantöffelchen fein säuberlich vor der Tür abgestellt hatte. Auch in dieser Situation galt es offenbar, Unordnung zu vermeiden.

Die Art und die Tötungshandlungen orientieren sich also eher am Motiv?

Ja, grundsätzlich kann man aber sagen, dass Täterinnen und Täter sehr individuell handeln, wobei sich die Art und Weise der Tötungshandlungen oft am Motiv orientiert. Unterscheiden muss man auch hier zwischen rationaler und emotionaler Vorgehensweise. Ein Profikiller ist nicht zu vergleichen mit einem Sexualmörder. Bei Letzterem beispielsweise spiegelt sich der verhängnisvolle Trieb oft in der Tötungshandlung wider, während ein Raubmörder meist nichts tut, was nicht unbedingt nötig ist. Wenn sich Emotionen entladen, kann eine Hausfrau unter Umständen brutaler vorgehen als ein Rocker oder Mafiosi. Viele Mütter haben mir schon offen beschrieben, was sie mit jemandem machen würden, der ihr Kind umbringt.

Wie beschreiben Sie die Gewalt im jugendlichen Milieu?

Wenn man die Jugend als eigenes Milieu bezeichnen will, ist dort seit einigen Jahren eine Verrohung zu beobachten. Die Gewaltkriminalität hat innerhalb der Jugendkriminalität, die insgesamt rückläufig sein soll, stark zugenommen. Was heute auffällt, ist die Mitleidlosigkeit, mit der agiert wird. Früher fanden die Auseinandersetzungen unter Gleichaltrigen statt. Heute werden auch alte Menschen und Kinder angegriffen. Einer alten Frau die Handtasche zu entreißen, ist schlimm genug. Aber ihr auch noch mit den Füßen ins Gesicht zu treten, ist das Allerletzte.

Gibt es den sinnlosen Mord, und wie würden Sie einen solchen charakterisieren?
Jeder Mord ist sinnlos, aber Fälle, in die sogenannte Zufallsopfer involviert sind, kommen einem besonders sinnlos vor. Wie jener Arzt, der sich nachts auf dem Weg nach Hause befand und von einem Jugendlichen erstochen wurde, weil dieser »gerade schlecht drauf war«, wie er in der polizeilichen Befragung erklärte.

Nahmen die Tötungsdelikte im Verlauf von Jahrzehnten eigentlich zu oder ab?
Tötungsdelikte sind – zumindest in Deutschland – rückläufig, und dafür gibt es verschiedene Gründe. Es ist nicht etwa so, dass die Menschen besser geworden wären, es haben sich aber gewisse gesellschaftliche Rahmenbedingungen verändert. Die Toleranz gegenüber Homosexuellen ist beispielsweise zu nennen, zudem gibt es heute zahlreiche Vorbeugungsprogramme und neue Gesetze im Bereich der häuslichen Gewalt oder im Bereich von Sexualstraftaten. Ein weiterer Grund dürfte aber auch die ärztliche Kunst sein, schwer verletzte Opfer zu retten.

Im Verlauf Ihrer Berufskarriere fand bei der rechtlichen, aber auch innerhalb der psychologischen Täterbeurteilung ein

Umdenken statt, und manchmal steht der Täter heute am Schluss eines Prozesses beinahe als Opfer da. Wie denken Sie darüber?
Mörder ist nicht gleich Mörder, und Schuld ist immer individuell und unterschiedlich schwer. Diese Feinheiten sind wichtig.

Viele Gewaltverbrecher und Mörder werden heute als therapierbar beurteilt: Was halten Sie davon?
Das Zauberwort Therapie wurde meiner Meinung nach schon immer überstrapaziert. Man meint, durch eine Therapie sei jeder Verbrecher heilbar. Aber das ist – nicht nur meiner Meinung nach – falsch. Es gibt nun mal Schwerverbrecher, die nicht dauerhaft entschärft werden können, weil niemand einen echten und wahren Zugang zu diesen Menschen findet.

Hatten Sie es bei den aufgedeckten Mordfällen auch mit Rückfalltätern zu tun?
Bei Tötungsdelikten geht man davon aus, dass die Rückfallquote gering ist, weil die Täter zum einen sehr lange in Haft sind, die meisten Delikte Beziehungstaten waren und Menschen nur selten in eine gleiche oder ähnliche Auslösesituation geraten. Gefährlich sind meines Erachtens vor allem Sexualtäter, weil sie von ihren Trieben gesteuert werden. Aber auch Sadisten, die aus reiner Mordlust getötet haben, sind in meinen Augen hoffnungslose Fälle.

Sind Rückfalltäter für die Ermittler besonders frustrierend, weil man in solchen Fällen davon ausgehen kann, dass Justiz und Therapeuten sozusagen versagt haben?
Ja, und es wäre schon hilfreich, wenn man endlich erkennen würde, dass es Täter gibt, die man für immer in der Verwah-

rung halten muss, weil sie eine Gefahr für ihre Mitmenschen darstellen. Letztendlich kann aber niemand in einen Menschen hineinschauen. Insofern bleibt immer ein Restrisiko vorhanden. Ich beneide Richter und Gutachter nicht, sie tragen eine hohe Verantwortung. Letztlich muss aber gelten, dass die Sicherheit der Allgemeinheit das Wichtigste ist. Niemand sollte in Freiheit kommen, solange er eine Gefahr darstellt.

Es gibt heute unzählige Fernsehserien, die sich mit der Aufklärung schrecklicher Morde befassen: Wieso ist die Faszination für Mörder und ihre Taten dermaßen groß?
Das Böse und Dunkle fasziniert die Menschen. Sie sind neugierig auf den schaurigen Einblick in die Abgründe der menschlichen Seele. Wissend, dass man zu Hause in Sicherheit ist und das »Schauspiel« aus sicherer Entfernung ansehen oder darüber lesen kann. Das Bedürfnis nach Spannung und eine gesunde Portion Voyeurismus dürften für den Erfolg von Aufklärungsserien, die sich mit echten Fällen beschäftigen, verantwortlich sein. Authentische Fälle erfahren aber auch besonders viel Anteilnahme und lösen große Betroffenheit aus.

Welchen Einfluss hat das Internet auf die kriminellen und mörderischen Energien der Bevölkerung?
Ursächlich für die negative Entwicklung in Bezug auf die steigende Gewaltbereitschaft von Jugendlichen sind meiner Meinung nach die zunehmend prekären Familienverhältnisse, die fehlende Bildung, die fehlgeschlagene Integration junger Ausländer und der Konsum gewaltverherrlichender Darstellungen im Internet. Wir leben in einem Land, in dem Kriegsspielzeug verboten ist, aber realistische Darstellungen vom Töten von Menschen, das Kinder und Jugendliche »üben« können, ist möglich. Viele Experten sind – genau wie ich – der Meinung,

dass Killerspiele gefährliche Auswirkungen auf die Psyche junger Menschen haben können. Ursprünglich wurde solche Software durch das amerikanische Militär entwickelt: Mit dem Zweck, die Hemmschwelle der Soldaten beim Töten zu verringern. Offiziell sind diese Spiele für Kinder und Jugendliche nicht zugänglich, aber das Verbot ist nicht viel wert, solange es leicht zu unterlaufen ist.

Profiler, Spurensicherung und andere Spezialisten tragen heute zur Aufklärung der Fälle bei. Trotzdem meint fast jeder Mörder, er könne seine Tat vertuschen. Gäbe es ohne diesen Irrglauben weniger schreckliche Gewaltverbrechen?
Eine solche Aussage wäre Spekulation. Was ich sagen kann, ist, dass in der Tat kein Mörder damit rechnet, überführt oder erwischt zu werden. Sobald ein Mord aber als solcher erkannt wird, erhöht sich das Risiko für den Täter enorm, gefasst zu werden. Ein amerikanischer Kriminologe sagte einmal: Wer von fünfhundert Fehlern, die man machen kann, nur fünfzehn vermeiden konnte, muss bereits ein Genie sein.

Hat sich Ihr Menschenbild mit der Zeit verändert?
Mein Menschenbild ist natürlich gereift durch den Beruf. Man lernt durch die Erfahrung hinzu. Ich habe den Glauben an die Menschen aber nicht verloren, weil ich heute weiß, dass dort, wo viel Leid ist, auch viel Menschlichkeit zum Vorschein kommen kann.

Wie denken Sie heute über das Böse?
Das Böse und das Gute ist in uns allen verankert. Es kommt im Leben darauf an, dass man seine negativen Emotionen in den Griff bekommt.

Josef Wilfling, *63, war zweiundzwanzig Jahre lang als Leiter der Münchner Mordkommission tätig. Der Vernehmungsspezialist klärte spektakuläre Fälle auf, darunter den Mord am Volksschauspieler Walter Sedlmayr und die Tötung des Münchner Unikums Rudolph Moshammer. In seinem Buch «Abgründe – Wenn aus Menschen Mörder werden« (Heyne Verlag) geht er der Frage nach, wo das Böse seinen Ursprung hat, und erzählt aus dem Alltag eines Mordkommissariates.*

Dank

Ein unendlich langer und steiniger Weg liegt hinter mir. Vieles habe ich in dieser Zeit erfahren und durchlebt. Negativem und Positivem musste und durfte ich begegnen.

Eine der schönsten und bereicherndsten Erfahrungen dabei war, dass mich liebe Menschen begleitet haben und mir, allein durch ihr Dasein, die schwere Last mitunter etwas leichter machten.

Vom ersten Moment meines Kampfes zurück in ein neues Leben standen mein Zwillingsbruder, seine Ehefrau und mein älterer Bruder an meiner Seite. Für eure Liebe und Unterstützung in den schlimmsten Stunden, Tagen, Monaten und Jahren meines Lebens danke ich euch aus tiefstem Herzen.

Meinen Freunden, Sportskollegen, Bekannten und Verwandten, die nach meinem Ringen ums physische Leben auf der Intensivstation tagtäglich für mich da waren, bin ich unbeschreiblich dankbar.

Die verständnisvolle und hilfreiche Unterstützung, die ich von meinem Arbeitgeber, meinen Vorgesetzten und Arbeitskollegen erfahren durfte und immer noch darf, gab und gibt mit jeden Tag aufs Neue viel Halt. Jedem Einzelnen möchte ich hier meinen herzlichen Dank aussprechen.

Während meiner Reha-Aufenthalte habe ich viele verschiedene Menschen und ihr Leid kennen gelernt. In dieser Zeit wurde mir bewusst, wie wichtig Ansporn, Zielstrebigkeit, Hoffnung und wieder lachen lernen zu wollen für eine gute Rückkehr ins Leben sind.

In dieser Zeit, während der Reha also, begann ich, meine Gedanken über den Mord an mir und mein Überleben aufs Papier zu bringen. Das Schreiben brachte mir einerseits Erleichterung, andererseits aber war es auch eine bewusste Konfrontation mit dem absolut Unerträglichen. Dieses Manuskript überreichte ich, weil ich ein »Urteil« wollte, einem mir bekannten Journalisten, der inzwischen ein Freund geworden ist und der mich darin bekräftigte, dass daraus ein Buch entstehen könnte.

Ich hatte die Wahl, zu resignieren und das Manuskript in die Schublade zu legen oder aber vorwärtszuschauen. Ich entschied mich für die Zukunft und dazu, meine Geschichte weiterzugeben. So lernte ich die Verlegerin Gabriella Baumann-von Arx kennen. Eine Frau mit viel Engagement und einem großen Herzen auf dem richtigen Fleck. Sie ermöglichte mir, mein Vorhaben umzusetzen, und dafür möchte ich mich von ganzen Herzen bei dir, liebe Gaby, bedanken. Die Arbeit an meinem Buch ist eine Erfahrung, die ich nicht missen möchte.

Einen großen Anteil daran hat die Ghostwriterin Franziska K. Müller. In einer sehr intensiven und für mich zuweilen überaus aufwühlenden und auch anstrengenden Arbeit konnte ich mich ihr auf eine Art und Weise öffnen, wie ich dies bei niemand anderem gekonnt hätte. Zwischen uns entstand eine Bindung, deren Boden echtes Interesse ist. Franziska schaffte im Buch den Spagat zwischen recherchierender Journalistin und einfühlsamer Schreiberin und gab mir mit ihrer herzlichen Wärme das Gefühl, durch und durch verstanden zu werden. Vielen lieben Dank, liebe Franziska, für all dies.

Bei dieser Gelegenheit möchte ich auch meinen Dank aussprechen an die Menschen, mit welchen Franziska die Interviews, die das Buch beenden, führte. Danke, Frank Urbaniok, Marianne Heer-Henseler, Marcel Alexander Niggli und Josef Wilfling, für Ihre Bereitschaft, einen Beitrag zum Buch und zu der Thematik zu leisten. Ich weiß das sehr zu schätzen.

Mein Dank gilt auch dem Rettungsdienst vom Spital Sursee, speziell den Sanitätern, die mich damals am Ort des Verbrechens mit dem Nötigsten versorgten und mir die Hoffnung gaben, noch gerettet werden zu können. Und der IV-Stelle Luzern mit ihrem vorsichtigen Integrationsplan sowie der Zürich Versicherung für ihre finanzielle Unterstützung.

Dank gebührt auch der Rega und deren Besatzung, welche mich in mein neues Leben, in meine Zukunft flogen.

Danke auch den Ärzten, die mein Leben retteten, dem fürsorglichen Pflegepersonal vom Kantonsspital Luzern, der Luzerner Höhenklinik in Crans-Montana und der Zürcher Höhenklinik in Davos-Clavadell.

Auch heute noch ist mein Hausarzt für mich da, danke dafür. Danke auch meiner Psychologin, die mir Antworten auf viele meiner Fragen gab und nach wie vor gibt. Und meiner Atemtherapeutin. Jede Stunde bei ihr lässt mich tiefer atmen, bringt mir mehr Luft und schenkt mir Entspannung. Meinem Osteopathen, der mir die begleitenden Schmerzen linderte. Der Opferhilfe, welche für mich schon sehr früh da war und mir immer wieder ihre Hilfe anbietet. Dem »Beobachter«, bei welchem ich eine enorme Unterstützung erfahren durfte. Meiner Anwältin, die mir mit ihrem Engagement immer wieder vermittelt, auf dem richtigen Weg zu sein.

Und – last but not least – Danke an Jeannette Brumann. Ihre Worte haben mich sehr berührt und zugleich enorm motiviert. Ich hoffe, wir lernen uns eines Tages kennen.

Resumée

Ich bin dankbar, dass ich die nötige Kraft und den Durchhaltewillen hatte, um mein Buch zu verwirklichen. Die bewusste Konfrontation mit dem Geschehenen war nicht einfach und hat mich sehr viel Mut gekostet. Und viele Momente der Stille und der Einsamkeit. Trotz allem kann ich auf eine positive Erfahrung zurückblicken. All meine Gedanken zuerst auf Papier zu bringen, sie in langen Gesprächen mit Franziska zu vertiefen und viele neue Fragen zu beantworten, war rückblickend gesehen eine Linderung. Ich konnte wieder einen Schritt weitergehen, ich kam vorwärts, die Last, die ich in mein neues Leben mitgenommen habe, wurde kleiner.

Ich möchte allen, die die Hoffnung auf ein neues Leben nach einem traumatischen Erlebnis verloren haben, Mut machen: Es kann klappen. Es ist vieles möglich. Mein neues Leben ist begleitet von unsagbarem Glück, das in krassem Gegensatz steht zu dem, was davor war. Ein Umstand, der schön ist, mit dem ich aber auch fertigwerden muss.

Das Gute hat immer etwas Schlechtes und das Schlechte immer etwas Gutes. Die gute Seite an meinem neuen Leben ist, dass ich meine größte Liebe – meinen Ehemann Andi – kennen und lieben lernen durfte. Und mit ihm seine Familie, die meine neue Familie geworden ist und die mir viel Liebe, Lachen und Freude schenkt.

Dir, Andi, möchte ich meine unendliche Dankbarkeit ausdrücken. Dein Verständnis und deine Liebe stützen mich jeden Tag von neuem. Du gibst mir Halt und Hoffnung. Stärkst mir den Rücken. Mit unserem Baby gehen wir nun unseren gemeinsamen Weg weiter, es, unser Kind, ist das Glück, mit dem wir unsere Bindung und unsere Liebe besiegeln.

Das Leben beginnt. Immer wieder. Und von neuem.

Nicole Dill, im September 2010

Adressen, Kontakte

Gewalt

Gewalt in der Familie: 044 994 40 94, www.stopit.ch

Die Dargebotene Hand: Telefon 143, www.143.ch

Kinderschutz: 031 398 10 10, www.kinderschutz.ch

Frauen-Nottelefon: 052 213 61 61, www.frauennottelefon.ch

Beratungs- und Informationsstelle für Frauen –
Gegen Gewalt in Ehe und Partnerschaft (bif):
044 278 99 99, www.bif-frauenberatung.ch

Adressen aller Frauenzentralen in der Schweiz:
www.frauenzentrale.ch

Opferhilfe, Schutz

Kostenlose Beratung für Opfer von Gewaltdelikten gemäß
Opferhilfegesetz: 044 299 40 50, www.ohzh.ch

Opferhilfe, allgemeine Informationen, Beratungsstellen:
www.opferhilfe-schweiz.ch

Zürcher Opferschutz-Charta: www.z-o-c.org

Allgemeine Informationen Schweiz, Deutschland

Forensische Psychologie und Psychiatrie FOTRES:
www.zurichforensic.org

Behandlungs-Initiative Opferschutz:
www.behandlungsinitiative-opferschutz.de

Der Abschied

Barbara Bosshard
Den Himmel berühren
Meine Geschichte von Trauer und erneutem Glück
Mit einem Vorwort von
Beatrice Tschanz Kramel

252 Seiten, gebunden
mit Schutzumschlag
13,5 x 21,2 cm
ISBN: 978-3-03763-012-9
www.woerterseh.ch

»Bücher über Schicksale von Krebskranken gibt es inzwischen unzählige, und zu Herzen gehen sie alle. Doch dass eine Lebenspartnerin, die allernächste Angehörige, ihre Geschichte von Trauer und erneutem Glück schreibt, ist ungewöhnlich. Aber alles an diesem Buch ist außergewöhnlich: die Intensität von der ersten bis zur letzten Seite, die Absenz von Sentimentalität, die ungeheure Sensibilität einer Frau, die zu großen Gefühlen und knappen, klaren Gedanken fähig ist. Als Lebenspartnerin einer Betroffenen setzt Barbara Bosshard allen Mitbetroffenen ein Denkmal. Das bewegendste Buch, das ich in den letzten zehn Jahren gelesen habe.«
Beatrice Tschanz Kramel, Botschafterin der Krebsliga, in ihrem Vorwort

Der Alleingang

Caroline Bono-Hörler
Allein gegen Goliath
Wie mein rundumversichertes Leben zum Albtraum wurde

250 Seiten, gebunden
mit Schutzumschlag
13,5 x 21,2 cm
ISBN 978-3-03763-013-6
www.woerterseh.ch

Caroline Bono-Hörler war eine stolze Mutter und erfolgreiche Juristin, als ein einziger Augenblick alles zunichtemachte. Ihr Auto stand vor einer Ampel, als es von hinten gerammt wurde. Ihre Verletzungen waren so gravierend, dass die folgenden Jahre für sie zum Albtraum wurden. Sie verlor ihre Stelle, ihr ganzes Einkommen und musste zwei ihrer vier Kinder weggeben. Die Juristin, die rundumversichert war, wurde von Sozialhilfe abhängig und verlor ihren Glauben an unseren Rechtsstaat. In ihrem Buch erzählt sie nicht nur von ihren dramatischen Erlebnissen, sondern auch davon, wie sie zur Gewissheit gelangte, dass Zufriedenheit sich aus dem Fokus aufs Positive ergibt und daraus, (sich) nicht aufzugeben.

Der Seitenwechsel

Isabel Stadnick
Wanna Waki
Mein Leben bei den Lakota
Mit einem Vorwort von
Federica de Cesco

248 Seiten, gebunden
mit Schutzumschlag
Mit Fotos von Pascal Mora
13,5 x 21,2 cm
ISBN: 978-3-03763-007-5
www.woerterseh.ch

Als Isabel Hartmann im Sommer 1989 nach Süd-Dakota reist, ahnt sie nicht, dass sie im dortigen Pine-Ridge-Indianerreservat das Land ihrer Träume und ihre große Liebe finden wird: Bob Stadnick, einen Lakota. Die 32-Jährige entschließt sich, für immer zu bleiben, und heiratet ihn. Schnell schlägt sie Wurzeln. Sie ist glücklich, wird akzeptiert und taucht in eine Welt ein, die schöner und grausamer nicht sein könnte. Acht Jahre später nimmt Isabel Stadnicks Schicksal eine tragische Wende. Bob stirbt. In ihrer Verzweiflung bricht sie ihre Zelte ab und reist mit den drei gemeinsamen Kindern in die Schweiz zurück. Aber das Heimweh lässt ihr und den Kindern keine Ruhe: »Wanna waki«, verspricht sie eines Tages und macht dieses Versprechen im Sommer 2008 wahr – sie kehrt zurück.

Der Wortwechsel

Barbara Lukesch / Balz Spörri
Starke Worte
50 Persönlichkeiten
über den Satz ihres Lebens

212 Seiten, gebunden
mit Schutzumschlag
Mit Fotos von Pascal Mora
13,5 x 21,2 cm
ISBN: 978-3-03763-002-0
www.woerterseh.ch

Es gibt Sätze im Leben, die man nie vergisst. Sätze, die trösten. Sätze, die Kraft geben. Sätze, die die Welt erklären. Barbara Lukesch und Balz Spörri haben 50 Schweizer Persönlichkeiten gefragt, welcher Satz in ihrem Leben eine ganz besondere Rolle gespielt hat. Adolf Ogi beispielsweise erzählt, wie ihm das Motto »Glaube an das, was du tust. Tue das, woran du glaubst« während seiner Zeit im Bundesrat Stärke verlieh, und die junge Regisseurin Bettina Oberli erinnert sich, wie ein Satz ihrer Großmutter sie geprägt hat. Entstanden ist eine Sammlung von inspirierenden Texten. Kleine Geschichten, die berühren und zugleich Mut machen.